여보, 나 좀 도와줘

노무현 전집 1

여보, 나 좀 도와줘
노무현 고백 에세이

노무현 지음

2019년 5월 3일 초판 1쇄 발행
2024년 12월 20일 초판 6쇄 발행

펴낸이 * 한철희
펴낸곳 * (주)돌베개
등록 * 1979년 8월 25일 제406-2003-000018호
주소 * 10881 경기도 파주시 회동길 77-20 (문발동)
전화 * 031-955-5020
팩스 * 031-955-5050
홈페이지 * www.dolbegae.co.kr
전자우편 * book@dolbegae.co.kr
블로그 * blog.naver.com/imdol79
트위터 * @Dolbegae79

주간 * 김수한
편집 * 이경아
디자인 * 김동신·이은정·이연경·김하얀
마케팅 * 심찬식·고운성·조원형
제작·관리 * 윤국중·이수민
인쇄·제본 * 영신사

ISBN 978-89-7199-942-4 04080
ISBN 978-89-7199-948-6 세트

책값은 뒤표지에 있습니다.

* 이 책은 1994년 새터 출판사에서 처음 출간되었습니다.

# 여보, 나 좀 도와줘

노무현 고백 에세이

노무현 지음

돌베
개

# 노무현 대통령 전집을 발간하며

노무현 대통령 서거 10주기입니다. 노무현재단은 그 10년 동안 일어났던 우리 사회의 변화를 살피고 재단이 벌였던 사업을 돌아보았습니다. 이제는 애도와 추모를 넘어, '사람 사는 세상'을 열고자 했던 노무현 대통령의 생각과 뜻을 시민과 함께 더 깊고 더 넓게 펼쳐 나가는 일에 힘을 집중해야 할 것입니다. 노무현 대통령의 전집을 펴내는 것이 그 첫걸음입니다.

여러 출판사에서 펴냈던 노무현 대통령의 책을 전집으로 묶는 과정에서 관련 사료를 면밀히 검토해 착오와 오류를 바로잡음으로써 더 정확한 텍스트로 만들었습니다. 노무현 대통령의 생애와 철학을 이해하고 연구하고 평가해 보려는 시민에게 이 전집은 확실하게 믿고 의지할 수 있는 자료가 될 것입니다. 기존 저서로 엮이지 않은 노무현 대통령의 말과 글 가운데 널리 알릴 필요가 있는 것을 가려 모아 말글집을 만들었습니다. 1권 『여보, 나 좀 도와줘』와 2권 『노무현의 리더십 이야기』, 3권 『성공과 좌절』, 4권 『진보의 미래』, 5권 『운명이다』는 이미 나와 있던 책이지만, 노무현 대통령의 말과 글을 모은 6권은 새로 편찬한 것입니다. 전집 세트를 통해서만 만나실 수 있는 7권은 사진과 함께 보는 노무현 대통령의 연보입니다. 앞의 책들 곁에 함께 두고 보시면 노무현 대통령의 삶이 더 풍부하고 입체적으로 다가올 겁니다.

노무현 대통령은 대한민국에서 가장 큰 책임이 따르는 공직을 수행했지만, 한 인간으로서는 보기 드물 정도로 겸손하고 소탈했습니다. '사람 노무현'의 느낌을 전하기 위해 소박하지만 품격이 있고 독자가 편안하게 읽을 수 있도록 책을 만들었습니다. 성의를 다해 전집을 제작한 돌베개출판사와 지난 10년 동안 노무현재단을 만들고 키우신 9만여 후원 회원 여러분께 노무현 대통령을 대신하여 따뜻한 감사 인사를 드립니다. 노무현의 시대를 직접 경험하지 않은 젊은이들이 《노무현 전집》에서 그분의 삶과 철학을 만나기를 기대합니다.

2019년 5월
사람사는세상 노무현재단 이사장 유시민

# 책을 내면서

정치인도 사람인 이상, 국민들로부터 박수를 받거나 칭찬의 말을 들을 때면 기분이 좋아질 수밖에 없다. 나 역시 마찬가지이다. 정계에 들어온 지도 벌써 7년이 지나 당의 중견 간부가 된 지금이지만, 나는 여전히 사람들로부터 '잘했다'는 소리를 들을 때가 가장 기분이 좋고 또 보람을 느끼게 된다.

반면에 국민들로부터 비난 섞인 꾸중의 말을 듣거나 외면을 당하게 되면, 수렁에라도 빠지는 듯한 위기감과 좌절감을 맛보게 된다. 특히 나의 경우처럼 그것이 낙선이라는 이름의 구체적인 현실로 나타나면, 앞으로도 계속 정치를 해야 할 것인가부터 자문을 해 보아야 할 정도의 참담한 기분이 된다.

그러나 낙선은 나에게 또 하나의 새로운 계기를 마련해 주기도 했다. 차분하게 지난 정치 생활을 되돌아보고 앞으로의 전망을 세워 나갈 수 있는 시간적 여유를 가져다준 것이다.

무엇 하나 제대로 생산해 낸 것이 없어 보이는 듯한 지난 정치 활동에 대한 회고는, 항상 체증과도 같은 무언가의 답답함을 내 가슴속에 남기기 일쑤였고 결국 나는 이대로 편안하게 주저앉아 있을 수는 없다는 생각에 펜을 들기로 마음을 먹게 되었다.

결코 길다고 할 수 없는 4년이라는 시간에 '청문회 스타'라는 뜻밖의 행운과 '낙선'이라는 커다란 좌절까지 모두 경험했던 나의 정치 생활을 차분히 정리해 보면서 그 과정에서 있었던 나의 잘잘못을 가리고 반성해 보고 싶었다. 그리고 그 과정들을 하나도 숨김없이 솔직하게 독자들에게 알리고 싶었던 것이다.

'나라를 걱정한다'는, 어울리지도 않고 쑥스럽기만 한 이야기를 늘어놓기보다는 내가 살아왔던 이야기들을 담담하게 정리해 나가는 것이 나를 위해서도 또 독자들이 정치판을 이해하는 데에도 큰 도움이 될 것으로 생각했다.

하지만 나의 이야기를 늘어놓는 것 역시 어쩔 수 없이 부끄러운 일이 아닐 수 없다. '무슨 기발하고 재미있는 일화가 있는 것도 아니고 또 세상을 더 깊은 눈으로 보게 하는 지혜가 담겨 있는 것도 아닌데……' 하는 생각에 몇 번이나 잡았던 펜을 놓기도 했다.

더욱 걱정스러웠던 것은 내 이야기를 한답시고 그 과정에서 본의 아니게 나와 정치를 같이하고 있는 많은 선배·동료 정치인들에게 누를 끼치게 되지는 않을까 하는 점이었다.

만약 하나라도 이 책에서 그런 부분이 있다면, 그것은 이야기를 솔직 담백하게 하고 싶은 내 욕심과 치밀하지 못한 내 불찰에서 비롯된 것으로서, 전적으로 내가 책임져야 할 일임을 밝혀 두고 싶다. 그런 점을 감안해 너그러운 양해가 있기를 바라 마지 않는다.


이 책은 모두 4부로 구성되어 있다. 1부 '여의도 부시맨'에서는 부시맨의 사막 탐험과도 같았던, 4년간에 걸친 나의 의정 생활을 정리해 보았고, 2부 '잃어버린 영웅'에서는 우리 정치의 양대 산맥이었던 양 김씨와 나 사이에 있었던 일화들, 그리고 그분들에 대한 나름대로의 평가를 모아 놓았다. 3부 '여보, 나 좀 도와줘'에서는 한 평범한 정치인으로서, 한 남편이자 아버지로서 내가 느끼고 고민하는 일상적인 이야기들과 단상들을 모아 보았다. 마지막 4부 '내 마음의 풍차'에서는 부끄러움을 무릅쓰고 어린 시절부터 정계에 입문하기까지의 과정을 일화를 중심으로 엮어 보았고 고시 합격기를 덧붙여 놓았다.

책을 만들기까지 도움을 주신 여러분들께 감사를 드린다. 그리고 이 책을 끝까지 읽어 주신 독자 여러분, 정말 고맙습니다.

1994년 9월 15일 노무현

# 차례

# 여의도 부시맨

# 1부

"변호사는 본래 그렇게 먹고삽니까?"

지난 세월 동안 내 가슴속에서 잠시도 쉬지 않고 메아리치고 있는 이 한마디…… . 이제껏 그 누구한테도 해 본 적이 없는, 내 가슴 깊은 곳에 숨겨 두었던 이야기…… .

나는 이 한마디에 담겨 있는 부끄러운 기억을 먼저 끄집어내는 것으로 나의 이야기를 시작하려 한다. 그렇지 않고서는 아무런 이야기도 할 수 없기 때문이다. 내가 이 이야기를 숨기는 한, 내 삶의 어떠한 고백도 결국 거짓일 수밖에 없기 때문이다.

변호사 개업하고 얼마 안 되었을 때였다. 아주머니 한 분이 남편이 사기 혐의로 구속되었다며 내게 변호를 의뢰해 왔다. 나는 그 사건을 60만 원에 수임했는데, 사실 당사자 간에 합의만 되면 변론도 필요 없는 사건이었다. 당연히 변호사로서는 사건을 맡기 전에 먼저 합의를 해 보라고 권유했어야만 옳았다. 그러나 마침 변호사 사무실에 돈이 딱 떨어져 곤란을 겪고 있었던 때라 그 아주머니가 나타나자 사건을 덜렁 맡아 버렸던 것이다.

사건을 맡자마자 사무장은 나더러 얼른 피의자인 그 아주머니의 남편을 접견부터 하라고 재촉했다. 그건 사무장이 얘기하지 않더라도 당연한 상식이었다. 피의자를 접견도 하기 전에 합의를 봐 버리면, 그 아주머니가 변호사 선임을 취소하고 해약을 요구해 올 것이기 때문이다. 그러나 한 번이라도 접견을 하면 계약금을 반환하지 않아도 되기 때문에 서둘러 접견을 했던 것이다.

아니나 다를까, 접견한 다음 날 그 아주머니가 찾아와 합의를 봤다며 해약을 요구했다. 난 일단 사건에 착수하면 수임료의 반환을 청구할 수 없다는 변호사 수임 약정서를 보여 주면서 돈을 돌려줄 수 없다고 버텼다. 속으로는 미안하고 얼굴도 화끈거렸지만, 당시 사정이 급해 받은 돈을 이미 써 버린 후였다. 그 아주머니는 실랑이를 벌이다 결국 눈물을 흘리며 돌아갔다. "변호사는 본래 그렇게 해서 먹고삽니까?" 하는 그 말 한마디를 내 가슴속에 던져 놓고는.

한동안 나는 그 일을 잊고 살았다. 그러다 훨씬 뒤 내가 인권 변호사로 활약하면서 언제부터인지 그 아주머니에 대한 기억이 나를 따라다니기 시작했다. 내가 법정에 서서 주먹을 흔들며 양심을 거론할 때는 어김없이 그 아주머니의 얼굴이 나를 지켜보는 것이었다. 그리고 국회의원이 되고 이른바 청문회 스타가 되고 나서부터는, 그 아주머니가 던진 말 한마디가 가슴에 꽂힌 화살처럼 더욱 큰 고통으로 다가왔다. 돈에 탐 안 내고 인권 변호사로서 오로지 사회 정의를 위해 헌신해 온 사람이라고 신문이나 잡지에 기사가 나갈 때마다, 어디선가 그 아주머니가 그 글을 읽고 있지나 않을까, 나는 가슴을 조이곤 했다.

나는 지금부터 시작하려 하는 이야기를 그 누구보다도 지금쯤은 백발의 할머니가 되었을 그 아주머니에게 들려주고 싶다.

그리고 지금까지 걸어온 내 삶의 영욕과 진실을 담보로 하여 따뜻한 용서를 받고 싶다.

* * *

1992년 3월 24일. 나는 국회의원 선거에서 떨어졌다.

"이번엔 어쩌다 그렇게 되었어요?"

"다음 기회가 있지 않습니까? 아직 나이도 있고⋯⋯."

"어쩔 수 없는 노릇 아니었습니까?"

여기저기서 만나는 사람마다 위로 인사가 쏟아졌다. 국회의원을 하던 사람이, 그것도 남보다 유난스럽게 하던 사람이 낙선을 했으니, 어지간히도 안돼 보였었나 보다. 하기는 선거에 떨어지면 패가망신한다는 말도 있지 않은가.

그러나 정작 나와 아내는 낙선을 비교적 담담한 심정으로 맞이했다. 개표하는 날 아침, 좀 창피스럽기는 했지만 억지로 태연한 척하며 지구당 사무실에 나갔다가 당원들이 울음을 터뜨리는 바람에 아내가 잠시 눈물을 훔치긴 했지만, 그러나 그뿐이었다.

며칠 동안 뒷마무리를 하고 서울에 올라와 보니, 아이들은 위로 인사는커녕 내색조차 전혀 없었다. 대견스럽다 싶으면서도 섭섭한 마음이 들 정도였다.

나와 우리 집 식구들은 선거를 치르기 1년 전부터 미리 낙선의 홍역을 충분히 치르고 있었다. 부산 바닥에서 김대중 씨가 대통령 후보로 나가는 민주당 간판 갖고는 백번 나가도 안 되니 지역구를 서울로 옮기라는 성화에 어지간히도 시달렸던 것이다.

게다가 '찍어 주었더니 코빼기도 안 보이더라', '우리 동네에 해 준 게 뭐 있노' 하는 원성이 자자하고 '돈을 엄청나게 벌었다'는 악성 루머가 쫙 퍼져 있으니 내려올 생각조차 말라는 것이었다. 심지어 지구당의 열성 당원들조차도 지역구를 옮기라고 권할 지경이었다.

물론 그럴 때마다 나는 "사람은 자기가 설 자리에 서야 합니다. 남자는 죽을 자리라도 가야 할 땐 가야 합니다" 하고 큰소리를 쳤지만, 내 속은 이미 숯 덩어리처럼 새까맣게 타 있었다. 말이그렇지 세상에 어떤 사람이 죽을 자리에 제 발로 가고 싶겠는가.

그런데도 내 아내 양숙 씨는 도대체 아무런 말도 없는 것이었다. 하도 가슴이 답답해서 의논이라도 하려 하면, "언제 당신이나한테 물어보고 한 일이 있어요?" 하고 매번 고개를 돌렸다. 자기가 뭐라고 권하더라도 결국 내가 부산에서 출마할 것이 뻔한데 뭐 하러 묻냐는 투였다.

처음에 내가 정치를 하겠다고 나섰을 때 아내는 머릴 싸매고 반대를 했었다. 그럭저럭 변호사를 하면서 살지 무슨 영화를보겠다고 그 험한 정치판에 끼어드느냐는 것이었다. 그런데도막상 내가 의원직 사퇴서를 던지자, 아내는 국회의원이 되었으면 끝까지 약속을 지켜야지 하며 복귀를 주장했고 나중엔 속임수까지 써 가며 국회로 도로 밀어 넣어 나를 놀라게 했었다.

아무튼 그 일 말고는 아내가 내 일에 관해서 일언반구라도간섭한 적이 없었다. 고생문이 훤하다 싶으면서도 어차피 말릴도리가 없다고 생각했기 때문이겠지만, 어쨌든 나는 언뜻언뜻아내의 표정에서 내가 선거에서 떨어지면 정치를 그만두지 않을까 하는 바람을 눈치채곤 혼자 실소를 지을 뿐이었다.

아내가 이 모양이니 한밤중에 아이들을 깨워 놓고 의논을해 보아도 놈들은 빙긋이 웃기만 할 뿐이었다. 의논이라기보다는 앞으로 닥칠지도 모르는 불행한 사태에 대해 미리 마음의 준비라도 해 두려는 아비의 심정을 먼저 헤아린 것이다.

그러니 내가 막상 선거에 떨어져서도 드는 느낌은 씁쓸한 웃음, 그 이상도 그 이하도 아닐 수밖에.

돌이켜 보면, 낙선으로 끝을 맺은 13대 국회의원 생활은 지금 생각해도 아득하기만 할 정도로 별별 일을 다 겪으며 보냈다. 촌놈이 난데없이 국회의원 배지를 달고 상경해서 여의도 바닥을 헤매고, 어느 날 아침에 일어나 보니 '청문회 스타'라는 이름으로 연예인처럼 유명해지고, 그러다 의원직 사퇴서 파동으로 그야말로 박살이 나기도 하고, 또 어이없는 3당합당에다 야당통합에 이르기까지…….

당시 40대 초반의 정치 초년생이었던 나로서는 이 모든 일이 모두 벅차고 힘든 일뿐이었다. 내가 왜 정치판에 끼어들어 국회의원이 되었을까 하는 생각이 든 적이 한두 번이 아니었다. 사실 나는 내가 국회의원이 될 줄은 꿈에도 생각해 보지 못했었다. 더구나 당시 나는 1987년 대통령 선거의 좋은 기회를 놓쳐 버린 양 김씨를 혐오하고 있었던 터라, 현실 정치에 대해 환멸마저 느끼고 있었을 때였다.

그런데 국회의원이 내 팔자에 있기는 있는 모양이었나 보다. 13대 국회의원 선거를 앞두고 당시 통일민주당 총재였던 YS가 재야 영입 케이스로 내게 공천을 제의했을 때, 나는 마침 1987년 9월의 대우조선 사건으로 변호사 업무가 정지되어 소위 인권 변호사 활동을 하지 못하고 있었다. 그리고 그게 아니더라도 여러 가지 일에서 나는 재야 변호사로서의 한계에 절망하고 있을 때였다.

그래서 국회의원이 되어, 다른 건 몰라도 이 세상에서 억울하게 짓눌리고 이용만 당하는 사람들의 모습을 세상에 알려나 주자는 소박한 생각에 공천을 받아들였고, 국회의원에 당선되었다.

그래서 나는 국회의원이 되자마자 열심히 외치는 일에만 매달렸다. 특히 국회 첫 대정부 질문에서 우리의 참담한 노동 현실을 혼신을 다해 고발하고 나서 수없이 걸려 오는 격려 전화를 받았을 때의 흥분은 아직도 잊을 수가 없다.

"정부는 입만 열면 노사 화합을 외칩니다. 그러나 노조 한번 해 보려고 하다가 전기도 끊기고 수돗물도 끊긴 공장 바닥에서 스티로폼 한 장 깔고 앉아서 생라면을 씹고 있는 이 노동자가, 가족이 가져다준 주먹밥마저 빼앗겨서 불타 버리는 광경을 바라보고 있는 이 노동자가, 그리고 끝내는 감옥 갔다가 해고되어서 길거리에 내쫓긴 이들 노동자가 그들을 내팽개친 기업주와 이 땅 위에서 서로 화합하고 살기를 기대하십니까?

국무위원 여러분, 아직도 경제 발전을 위해서, 케이크의 크기를 더 크게 하기 위해서 노동자의 희생이 계속되어야 한다고 생각하십니까? 저는 그런 발상을 가진 사람들에게 이렇게 묻겠습니다. 니네들 자식 데려다가 죽이란 말이야! 춥고 배고프고 힘없는 노동자들 말고 바로 당신들 자식 데려다가 현장에서 죽이면서 이 나라의 경제를 발전시키란 말이야!"

그리고 나는 오라는 데만 있으면 어디든지 찾아갔다. 현장에서 현장으로 누비고 다니며 작은 성과라도 얻을 때에는 국회의원 되기를 잘했다는 생각이 들곤 했었다. 그토록 높고 거만하게만 보였던 경찰서장이나 고위 관리들이 굽실거릴 때는 유치한 우월감마저 들었다.

그러나 이러한 것들은 국회의원인 나에게 주어진 아주 작은 권한에 불과할 뿐, 실질적으로 할 수 있는 것은 아무것도 없다는 사실을 깨닫는 데에는 그리 오래 걸리지 않았다. 그 순간부터 국회의원이란 자리는 내게 힘보다는 무력감을 의미하면서 고통만을 안겨 주었다.

내 눈앞에서 노동자들이 맞고 끌려가도, 노점상들이 단속에 걸려 쫓겨나도 나에게는 여전히 그들을 도와줄 방법이 없었다. 차라리 예전에는 같이 맞고 끌려가면서도 마음의 죄스러움은 느끼지 않을 수 있었는데, 이제는 그런 박해 현장에 동참하는 떳떳함(?)마저도 사라져 버린 것이다.

박해를 받고 있는 사람들 속에 섞여 있는 '박해 받지 않는 사람', 그건 정말 참기 어려운 또 하나의 고통이었다.

특히 '원진레이온 사건'을 조사하던 중에 보았던 한 장면은 언제까지라도 잊을 수 없을 것 같다.

원진레이온은 레이온 실을 제조하는 회사인데, 그 작업 공정 중에 이황화탄소라는 독가스기 새어 나와 인제를 마비시키는 것이었다. 이 사건은 당의 명령을 받지 않고 나 혼자 사건을 접수해 당시 평민당의 박영숙 부총재와 함께 현장을 조사했던 사건이었다.

현장을 조사하고 추궁한 끝에, 우리는 회사 측으로부터 직업병임을 인정하고 일체의 책임을 지겠다는 합의서를 받아 내는 등 처음에는 일이 잘 풀렸었다. 그런데 그때뿐이고, 모든 노동자들을 일제히 검진하기로 했던 약속을 회사 측이 지키지 않았다.

그래서 회사 측의 이행을 촉구하기 위해 몇 번에 걸쳐 회사를 찾아가던 어느 날의 일이었다. 이황화탄소에 중독되어 사지가 마비된 어떤 환자가 어린 딸아이를 비롯한 가족과 함께 휠체어를 타고 직접 나와 있었다.

그런데 그 사람의 얼굴을 가까이서 보는 순간, 나는 소스라치게 놀라고 말았다. 그 사람의 얼굴은 웃는 것도 아니고 우는 것도 아닌, 기묘한 표정을 짓고 있었다. 안면 근육이 전부 마비되었기 때문이었다.

나는 그 사람의 얼굴을 차마 똑바로 볼 수 없었다. 더 이상 그 앞에 서 있을 수가 없었다. 나는 형식적으로만 인사를 건넨 뒤 도망치듯이 그 자리를 빠져나왔다. 그 사람 쪽으로는 고개도 돌리지 않은 채 급히 봉고차에 올라타 정문을 막 나오려는 순간이었다.

열서너 살쯤 되었을까, 그 노동자의 딸이 봉고차 유리에 매달리더니 울면서 소리를 쳤다.

"우리 아빠 좀 살려 주세요."

나는 그때 무심코 그 딸의 아빠를 향해 시선을 돌렸다. 그 아버지의 일그러진 뺨 위로 한 줄기 눈물이 주르륵 흘러내리고 있었다. 그리고 그 옆에는 공장의 경비원들이 윗사람의 명령을 받았는지, 잔뜩 못마땅한 표정을 지으면서 눈을 부라린 채 서 있었다. 나는 그 순간을 더 이상 버티지 못할 것 같았다. 내가 이들을 위해 뭘 할 수 있을까? 내 자신이 송두리째 무너지는 듯한 그 자괴감에 나는 한참을 시달려야 했다.

낙선한 직후 나는 이참에 정치를 그만둘까 하는 생각을 피할 수가 없었다. 변호사 일에 매달리면 먹고살기가 훨씬 넉넉해질 테고, 아무리 정치자금이라 하지만 멀쩡한 사람이 친구들한테 손 벌리는 짓은 안 해도 될 테고, 그리고 무엇보다도 이제 그만 욕먹는 일도 없을 테고…….

말이 나왔으니 하는 말인데, 정말 욕먹는 일은 싫다. 그것이 합당한 이유가 있어서 하는 욕이건, 아니면 나를 싫어하거나 헐뜯기 위해 하는 욕이건 참으로 싫다. 멀쩡한 정신을 갖고 사는 사람인데, 아무리 공인이라 하지만 욕을 먹는 게 정말 속상하지 않을 수가 없다. 그러나 정치라는 게 본래 열 명한테 칭찬을 들어도 반드시 누군가 한 명한테는 욕을 먹지 않을 수 없는 것이 아닌가.

그러나 나는 정치를 하면서 많은 고통을 치르기는 했지만, 반면에 많은 경험을 했고 정말로 값진 것도 배웠다.

어느 날 갑자기 문명 세계에 떨어진 부시맨처럼, 나는 그야말로 벌거벗은 몸에 국회의원 배지 하나 달고 여의도에 상륙했다. 그리고 지금 생각해 보면 매우 철없는 짓도 했었고, 무모한 일도 벌였던 것 같다. 그러나 매 순간 내 나름대로는 절실한 심정으로 순수한 열정을 갖고 해 온 일이라는 점에서만은 지금도 부끄러움이 없다.

그 후로 어느새 7년의 세월이 흘렀다. 내 나이 오십을 바라보게 되었고, 당의 최고위원이라는 중진의 정치인으로 성장했다. 그러면서 나는 내 가슴속에서 그 무엇이 자라나고 있음을 깨닫게 되었다.

고통과 좌절을 겪으면 겪을수록 단단해지고, 나이가 들면

들수록 더욱 깊어지는 그 무엇이 자라나고 있었다. 젊은 날의 혈기와는 다른, 내 전 생애를 걸고 내 자신과 내 주위에 책임져야 할 그 무엇이…….

그것이 오기라 해도 좋고, 집념이라 불러도 좋고, 부서지지 않는 꿈이라고 해도 좋다.

나는 언제까지라도 그것을 운명으로 받아들일 수밖에 없을 것처럼 느낀다.

나에게는 언제나 이 여의도가 황량하기 이를 데 없는 사막처럼 보인다. 그러나 나는 이 삭막한 사막을 떠나지 않고 오늘도 내일도 결코 지치거나 절망할 줄 모르는 부시맨처럼 그 한가운데를 헤집고 다닐 것이다.

## 여우와 포수

청문회가 그렇게 엄청난 폭발력을 가질 줄은 나 자신도 미처 몰랐다.

국회에 청문회 제도가 있다는 것도 알았고 그 제도를 따로 연구하기도 했었다. 그러나 사실 청문회에 대한 기대는 별로 없었다. 그 이전까지 국회가 보여 준 모습으로 보아 청문회 역시 실망만 안겨 주게 될 여야 간의 입씨름장만 될 것 같아서였다.

그래서 청문회가 열리기 불과 며칠 전까지도 나의 관심은 전혀 엉뚱한 곳에 있었다. 쓸데없는 말장난보다는 산업 현장의 노동자들을 돕는 게 차라리 낫다고 생각했기 때문이다.

당시 부산의 연합철강 노조원들이 2,000명이나 집단 상경을 해 한강 고수부지와 광화문 옆 연합철강 사옥에서 2개월이 넘게 농성을 하고 있었다. 그들의 주장인즉, 5공 시절 동국제강이 연합철강을 인수할 때 전두환 정권이 불법 개입했으므로 그 인수를 무효화해야 한다는 것이었다.

당시 그들의 싸움은 내게 사뭇 신선하게 느껴졌다. 우선 투쟁의 목표가 임금이나 직장 보장 문제 같은, 자신들의 이익을 위한 게 아니었다. 잘못된 것을 바로잡자는 것이었다.

그러던 차에 그 노동자들로부터 연락이 왔다. 시내 연합철강 사옥으로 좀 와 달라는 것이었다. 그래서 그곳에 갔더니 나더러 농성에 동참해 달라고 했다. 일단 그들의 노고를 위로한 뒤 생각해 보겠노라 대답하곤 농성장을 나왔다.

불과 이틀 후로 다가온 청문회, 그리고 나의 동참을 바라는 저 노동자들, 돌아오는 차 안에서 고민을 한 끝에 나는 노동자들의 농성에 동참하기로 결심을 했다. 청문회는 포기해야겠다고 생각하며 옷가지와 이불을 챙길 궁리를 했다.

그런데 사무실에 돌아와 얘기를 하니, 비서들이 다들 펄쩍 뛰었다. 국회의원이면 국회 일을 해야지 무슨 농성이냐는 것이다. 웬만하면 내 생각을 따라 주던 비서들이 그 일에서만은 한결같이 강경하게 반대를 하고 나섰다.

당시 비서진들은 대부분 학생운동 출신으로 감방 경력도 화려한(?) 젊은이들이었다. 투쟁이라면 누구보다 이골이 나 있고 앞장설 그들이 오히려 말리고 나서니 나도 무작정 고집만 부릴 수는 없는 노릇이었다.

결국 청문회를 첫날 한 번만 해 보고 별 볼일이 없으면 농성에 합류하기로 비서진들과 타협했다. 그래서 청문회에 참석하기로 하긴 했으나, 여전히 내 마음은 콩밭에 가 있었다.

그날로 바로 청문회 준비에 돌입했다. 마음은 딴 데 가 있었지만, 그래도 시작한 일이라 열심히 준비를 했다. 비서들과 함께 꼬박 이틀 밤을 새웠다.

청문회 첫날은 텔레비전 중계 없이 진행되었다. 그러자 신문들이 떠들고 나섰다. 그래서 둘째 날은 텔레비전으로 생중계되어 전국으로 방송되기 시작했다. 그리고 다음 날, 세상은 밤새 완전히 달라져 있었다.

정말 어느 날 아침 일어나 보니 나는 어느새 유명 인사가 되어 있었다.

청문회에 나온 증인 중에서 특별히 기억에 남는 세 사람이 있다. 법무장관을 지낸 이종원 씨, 안기부장 출신의 장세동 씨, 그리고 현대그룹의 정주영 씨이다.

그중 이종원 씨는 5공화국에서 법무장관을 지내기도 했던 변호사로, 일해재단의 설립에서부터 깊숙하게 관여를 했던 인물이다.

일해재단 청문회 첫날 출석한 그는 그야말로 기막힌 궤변으로 의원들의 질문을 요리조리 피해 나갔다. 법률적 지식과 논리력이 뛰어난 그를 국회의원들이 상대하기에는 역부족이었다. 교묘한 논리로 빠져나가면서 그는 오히려 국회의원을 갖고 놀며 은근히 즐기는 듯했다.

그의 이런 오만방자함에 국회의원들은 분통만 터뜨릴 뿐 어쩔 줄을 몰랐고, 현장을 쳐다보는 기자들도 분개하는 모습이었다. 모두들 누군가가 그의 못된 궤변과 오만을 꺾어 주기를 간절히 바라고 있었다. 그럴 때 내 차례가 돌아왔다.

나는 변호사로서 익힌 법률 지식과 논리로 마주쳐 나갔다. 원래 일해재단 문제의 본질은 중학생 수준의 문답만으로도 명백하게 드러날 수 있는 간단한 것이었다. 그런데 그걸 사법 고시를 패스하고 법무장관까지 지낸 사람이 그 명석한 두뇌와 법률 지식을 이용하여 이리 꼬고 저리 꼬아 놓으니, 같은 법률 지식과 논리가 아니고서는 풀 수 없는 어려운 문제가 되어 버린 것이다. 그는 결국 항복했다. 전문 지식을 방패로 국회의원들을 갖고 놀다가 같은 전문가를 만나자 말장난을 포기할 수밖에 없었던 것이다.

　　나는 그때 지식이 잘못 쓰일 때 그것이 얼마나 위험한 것인지를 새삼 깨달았다. 한 사회의 가치관이 거꾸로 서 있거나 가치 판단이 흔들릴 때, 잘못된 양심을 가진 사람의 지식은 어떤 도둑질이나 살인보다도 위험한 범죄인 것이다. 그와 같은 사람들이 국민을 속이는 머리를 빌려주고 이론을 제공해 주었기 때문에 전두환 씨 같은 사람이 8년간이나 독재 정권을 유지했던 것이 아니겠는가.

장세동 씨는 청문회로 나만큼이나 유명해진 사람이다. 그리고 그에 대한 평가도 그만큼이나 곤란스럽고 어려운 일이다. 어떤 점에서는 정직하고 솔직했고, 어떤 점에서는 당당하기도 했다. 그리고 우직하고 의리 있는 사람으로 보였다. 그래서 그런 점은 많은 사람들의 호감을 살 만했다. 이미 백일하에 훤히 드러난 사실조차 요리조리 거짓말을 하거나, 옛날에 모시고 은혜를 입었던 사람에게 책임을 밀어 버리거나, 새로운 실력자에게 비굴하게 아양을 떠는 사람들과는 달랐다.

　　그러나 한편 전혀 판단력이 없는 것같이도 보였다. 그는 증언대에 앉아서도 오히려 국회의원들을 둘러보며 '이상하다. 저 사람들이 왜 저렇게 열을 낼까?' 하고 의문스러워하는 표정이었다. 그의 의식에는 5공식 사고만 있었을 뿐, 역사의 흐름 따위는 안중에도 없었다.

청문회에 나온 증인 중 가장 까다로웠던 사람은 역시 정주영 씨였다. 국회의원들이 질문을 하면 그는 바로 대답을 하지 않았다. 대신 거꾸로 질문을 던져 질문자들을 혼란시키는 놀라운 화술을 가지고 있었다.

게다가 애초부터 정주영 씨에게 질문할 내용의 초점이 국민들의 정서에서 벗어나 있었다. 애당초 조사의 초점은 일해재단이 거둔 돈의 '강제성'에 있었고, 따라서 국회의원들은 '강제성' 여부만을 확인하려 했었다. 다시 말해 전두환 정권이 일해재단의 성금을 강제로 거둬들인 것이라는 점을 정주영 씨의 입을 통해서 확인시키면 그만이었다.

그러나 국민들의 관심은 그게 아니었다. 재벌의 회장이 한번 혼쭐이 나는 것을 보고 싶어 하기도 했고, 과연 국회의원들이 돈 많은 사람을 어떻게 대접할 것인가에 대해 호기심을 가지고 있었다.

그런데 '모금의 강제성 여부'에 의원들의 질문이 집중될 것이라는 정보를 정주영 씨가 놓칠 리 없었다. 지금은 민자당 소속인 모 의원이 정주영 씨에게 미리 귀띔을 해 주었던 것이다.

그래서 국회에 나가서 원하는 대답 하나만 해 주면 더 따질 게 없으리라는 것을 미리 알고 있던 정주영 씨는, 의원들이 질문을 시작하자마자 너무 쉽게 국회의원들이 바라는 대답을 해 버렸다. '안 주면 재미없을 것 같아' 주었다는 것이었다. 첫 마디에 강제성을 시인한 것이었다. 이렇게 첫 질문에 쉽게 핵심이 나와 버리니 의원들은 더 물어볼 게 없었다. 강제성 여부를 끝까지 물고 늘어지겠다고 벼르던 의원들은 잔뜩 준비해 온 질문 준비 서류를 한 장도 써먹지 못하고 닭 쫓던 개 지붕 쳐다보는 꼴이 되어 버리고 말았다.

물론 당시 청문회의 성격상 성금의 강제성 여부를 밝혀내는 것이 초점이었던 것은 사실이다. 그러나 1960년대부터 계속 이어져 내려온 정경 유착 구조에서 강제적으로 거두었든 자발적으로 갖다 바쳤든 '오십 보 백 보'가 아니겠는가. 이런 점에서 5공비리, 그중에서도 특히 일해재단 문제의 본질은 '정경 유착'인 것이다. 그러니 강제성에만 초점을 맞추면 정주영 씨는 강제로 돈을 빼앗긴 피해자가 되고, 정경 유착의 시각에서 본다면 거꾸로 전 국민에게 피해를 입힌 가해자가 되는 것이다.

나는 본질적인 문제에 초점을 맞춰 몰고 나갔다.

— 시류에 순응한다는 것은 힘 있는 사람이 하고자 하는 대로 따라간다는, 그러한 뜻으로 해석할 수 있겠습니까?

— ……(침묵)

— 그것은 단순히 현상 유지에 머무는 것이 아니고 좀 더 성장하기 위해 힘 있는 사람에게 접근하기도 해야 한다는 것을 포함하는 것입니까?

— 힘 있는 사람에게 잘못 보이면 괴로운 일을 당한다는 것을 말한 것입니다. 적극적으로 영합한다는 것은 아닙니다.

— 혹시 그 순응이 부정한 것이라도 따라가야 한다는 것을 의미하는 것입니까?

— 능력에 맞게 내는 것은 부정한 것이 아니라고 생각합니다.

— 일해재단이 막후 권부라는 것이 공공연히 거론되기 이전에는 묵묵히 추종하다가, 그 권력이 퇴조하니까 거스르는 말을 하는 것은 시류에 순응하는 것이 아닙니까?

— ……(침묵)

— 왜 부정이 아니라면 진작부터 6·29 이전부터 바른말을 하지
  못했습니까?

— 우리는 그러한 용기를 가지지 못한 것을 죄송하게 생각합니다.

— 이렇게 순응하는 것이, 힘이 있을 때는 권력에 붙고 없을 때
  는 권력과 멀리하는 것이, 자라나는 청소년에게 가치관의 오
  도를 가져오게 하고 정의를 위해 목숨을 바친 수많은 양심적
  인 사람들의 분노를 일으켰다고 보지 않습니까? 이에 대한
  증인의 입장은 어떻습니까?

— ……(침묵)


정주영 씨에 대해서는 지금도 납득이 안 되는 부분이 있다. 사실
그는 탁월한 사업가라는 측면에서 많은 사람들의 존경을 받고 있
는 사람이다. 나는 그 정도의 역량을 가진 사람이라면 자존심 또
한 대단하리라고 생각했었다.

그러나 그는 너무나도 실망스러웠다. TV로 온 국민이 지켜
보고 있는데도 "나는 시류에 따라 산다"고 당당히 말하는가 하면,
자기가 했던 말을 금방 뒤집어 놓고도 표정 하나 변하지 않는 데
는 정말 기가 질렸나.

그 얼마 전 울산 현대그룹의 사업장에서 피신 중이던 노조
간부를 회사의 구사대 직원과 경비원들이 봉고차에 태워 잡아가
려고 하다가, 이를 가로막는 노동자들과 옥신각신하던 중 구사대
가 노동자들을 차로 밀어 버려, 그중 한 노동자가 식물인간이 되
어 버린 사건이 있었다.

그 충격적인 사건의 진상을 내가 캐묻자, 자기는 너무나 많은 사원을 거느리고 있기 때문에 '전혀 모르고', 또한 '그 정도의 일'은 있을 수 있는 일이라고 대답하는 것이었다. '그 정도의 일'이라는 표현도 충격적이었고 '전혀 모른다'라는 말도 내게는 너무나 충격적이었다.

　그건 마치 정보기관에 의해 사람이 한두 명쯤 죽어 나가도 대수롭지 않게 여겼던 암흑 시절 독재 정권의 도덕적 불감증과 꼭 같은 것이었다.

곰곰이 생각해 보면, 당시의 청문회는 우리나라의 시대적 상황이 만들어 놓은 매우 기형적인 청문회였다. 사실 청문회란 것이 증인을 불러다 새로운 사실을 발견하고 확인해 가는 과정인데, 그때의 청문회는 새롭게 밝혀내야만 할 것이 없는, 말하자면 이미 결론이 나 있는 청문회였다.

　어떤 자가 무슨 짓을 했는지는 누구보다도 국민들이 환하게 알고 있는 상태였다. 단지 국민들은 법과 인륜을 짓밟고 권력을 휘두른 못된 자들, 그 권력에 야합해 이권을 챙겨 먹은 자들, 그 못된 인간들이 혼쭐나는 장면을 구경하며 한풀이를 하고 싶었던 것이다.

　그런데 청문회가 열리자 적반하장으로 장세동은 뻣뻣하게 나오고, 정주영도 회장님, 증인님 소리 들어 가며 오히려 대접을 받는 게 아닌가. 국민들이 "저 바보 같은 국회의원 놈들!" 하며 분통을 터뜨리는 게 당연했다.

　내가 청문회에서 돋보이게 된 것은 바로 그런 분위기 때문이었다. 다시 말해 새로운 사실을 잘 밝혀내서가 아니라, 증인들의 기를 꺾는 데 성공했기 때문이다. 어찌 생각하면 국민들의 정서에 내가 편승하여 유명해진 셈이라, 지금도 쓴웃음이 저절로 나오고 미안한 생각조차 들 때가 있다.

아무튼 나는 큰 덕을 보았지만, 반면에 정주영 씨에게 문을 열어 줘 가며 친절을 베푼 의원들은 욕을 된통 얻어먹었고, 그로 인해 청문회 국회의원들이 정주영 씨로부터 그랜저 승용차를 한 대씩 받았다는 소문까지 나돌았다. 나도 그 당시에는 긴가민가했으나, 한참을 지나고 보니 그것은 전혀 근거 없는 헛소문이었다.

그런데 그때 정주영 씨가 국회의원들로부터 특별한 대우를 받은 이유는 전혀 다른 데 있었다. 그 전날까지만 해도 의원들은 출석한 증인들을 향해 고함을 치고 "야, 인마!" 해 가며 욕설까지 내뱉곤 했었다. 그러자 당과 국회로 왜 욕을 하냐며 국민들의 항의 전화가 빗발쳤다.

그러자 당에서 회의가 열렸다. 정주영 씨는 고령인 데다가 기업인으로서 업적을 많이 쌓은 사람이고 상당한 존경도 받고 있는 사람이니, 함부로 말하거나 지나치게 다루지 말라고 주의가 내려졌다. 게다가 앞에서도 말했듯이, 그가 모금의 강제성을 너무 쉽게 시인해 버리니 자연 대우를 잘해 줄 수밖에 없었던 것이다.

# 그렇게 막은 내리고

청문회 이후 신문, 잡지 할 것 없이 인터뷰 요청이 그야말로 봇물 터지듯 쏟아져 들어왔다. 그러나 난 마음의 준비가 전혀 안 되어 있는 상태였다. 어떻게 해야 될지도 몰랐다.

그래서 우선은 신문 인터뷰에만 응했다. 그러다 나중엔 결국 잡지 인터뷰에도 응하지 않을 수 없었다. 수도 없이 많은 잡지와 인터뷰를 했다. 내 기사가 안 실린 잡지가 없을 정도였다. 어떻든 정치인으로서는 매우 행복한 일이었다.

그러나 잡지에 실린 내용의 대부분은 불만스러웠다. 내가 절에서 불목하니 노릇을 했다는, 사실과 다른 기사가 나온 것도 불만이었지만, 보다 마음에 걸린 것은 잡지에 실린 기사들이 내가 말하고 싶어 하는 내용과는 항상 방향을 달리하고 있는 점이었다. 모두가 나의 이야기를 입지전적 성공담으로만 다루고 있었다. 지금 내가 무슨 생각을 하고 있는지, 내가 하고 있는 일을 통해서 내가 무엇을 실현하고 싶어 하는 것인지에 대하여는 번번이 외면해 버렸다.

가난하고 불우한 환경 속에서 자라 출세한 사람들이 모두 다 훌륭한 것은 아니지 않은가. 자신의 옛 처지를 생각해서 가난하고 불우한 사람들을 돕기보다는 오히려 옛날 자기와 같은 처지에 있는 사람들을 억압하고 고통을 주고 있는 사람들이 더 많은 것이 현실이고 보면, 불우한 환경을 이겨 내고 출세한 사실이 모두 칭찬 받을 수만은 없다는 게 내 생각이다.

불우한 사람들이 있도록 한 우리 사회의 구조에 대해서는 말하지 않고 그 불우함에서 탈출한 이야기만을 다룬다는 게 나로서는 영 마땅치가 못했다. 인터뷰 때마다 기자들에게 그것을 강조했지만 기사에선 번번이 잘려 나가 버렸다.

아무튼 청문회를 시작한 지 하루 이틀이 지나면서 의원회관의 전화는 거의 불통이 되어 버렸다. 아내에게 신문에 난 기사를 보라며 자랑하려고 전화를 해도, 집 역시 걸려 오는 격려 전화로 이미 불통이 되어 있었다.

그때 격려 전화를 해 주신 많은 분들께는 아직도 고맙게 생각하고 있다. 그러나 그때 걸려 온 전화 중에는 은근히 사람을 바보로 만들어 놓는 장난 전화도 있었다. 아주 잘했다고 칭찬을 한 후 돈을 보내 주겠다며 온라인 예금구좌를 가르쳐 달라는 것이었다. 어떤 분은 1,500만 원이나 되는 거액을 기탁하겠다는 전화도 해 왔다. 물론 믿어지지는 않았지만 혹시 하며 은근히 기다려지기도 했던 것이 사실이다. 그런데 역시 구좌에는 단 한 푼의 돈도 들어오지 않았다.

이른바 스타가 되면서 주위에서 "노 의원, 내 단골 술집에 한번 같이 갑시다. 그 집 마담이 노 의원 데려오면 그날 술값 안 받고 공짜로 준답니다" 하고 농담들도 해 왔다. 나도 "그 마담 예쁩니까? 그러면 한번 갑시다" 하며 받아 주기는 했지만, 일에 쫓겨 정작 가 본 적은 없었다. 그래도 그런 얘기를 하도 많이 듣다 보니 언젠가는 나 혼자 갈 때라도 그런 술집을 만날 수 있지나 않을까, 은근히 기대를 해 보기도 했다. 그러나 나는 여태껏 그런 공술을 먹어 보지 못했다.

여자들이 전화를 해 만나자는 전화도 있었다. 그중에서는 일방적으로 시간을 정해 놓고 만나자는 적극적인 여자도 있었다고 한다. 그런데 비서들이 중간에서 차단해 버렸다는 것이었다. 차마 내색을 할 수는 없었지만 은근히 아까운 생각이 들었다. 지금이라도 그런 전화가 오지 않을까 기다려지기도 하지만, 그런 전화가 다시는 오지 않는 걸 보면 청문회의 영광은 역시 한때의 옛이야기였나 보다. 그럴수록 그때의 비서들이 얄밉기만 하다.

일반 국민들은 나를 아직도 '청문회 스타'로만 기억하고 있다. 나는 그것이 조금 불만이다. 왜냐하면 청문회를 잘한다는 것은 재능에 불과할 뿐, 그것이 한 인간으로서의 훌륭한 인격이나 정치인으로서의 뛰어난 자질을 말해 주는 가장 중요한 부분은 아니기 때문이다. 정치 초년생으로서의 순수함과 변호사로서의 테크닉이 만들어 낸 소품에 불과하다.

나 스스로는 3당합당 때 안 따라가고 소신을 지킨 것을 가장 자랑스럽게 생각하고 있다. 또 야당통합 때 중견 간부로서 나름대로의 정치적 역량을 발휘했었다는 자부심도 갖고 있다. 그리고 3당합당 때 따라가지 않은 대가로 지난 선거에서 낙선하기는 했지만, 내 힘으로 민주당의 최고위원으로 당선되기도 했다.

그런데 사람들은 나를 '청문회 스타'로만 알고 있지 이런 점은 잘 기억해 주지 않는다. 사실 요즘은 그것이라도 좋으니 기억만이라도 해 주었으면 좋겠다는 생각마저 들지만…….

내가 청문회로 꼭 덕만 본 것은 아니다. 지금까지도 회복이 안 되고 있을 만큼 심각하게 타격을 받은 일도 있다. 소위 '명패투척 사건'이 그것이다. 청문회에 나온 전두환 씨가 퇴장할 때 내가 명패를 집어 던진 것으로 알려진 사건이다.

그 사건으로 나는 당시 언론에 의해 '국회의원의 자질이 문제'라며 매우 무식하고 경우 없는 깡패(?)로 비난을 받았고, 지금까지도 나에게서 그런 이미지를 느끼는 사람들이 의외로 많다. 물론 그 반대로 "기왕이면 머리통을 정통으로 맞출 일이지 그게 뭐요?" 하면서 통쾌하게 생각하는 사람들도 없는 것은 아니지만……

그런데 사실은 그게 아니다. 전두환 씨에게 명패를 던진 것이 아니라, 땅바닥에 내동댕이친 것이다. 그리고 그것도 전두환 씨에 대한 분노보다는 당시 내가 소속하고 있던 통일민주당의 지도부에 대해 화가 치밀어 내동댕이쳤던 것이다.

지금 와서 새삼 무슨 변명을 하고 싶지는 않으나, 당시 우리가 몸담고 있던 정치 현장의 분위기와 그에 익숙하지 못했던 우리 소장 의원들의 고뇌를 이야기하고 싶어 그 사건의 전말을 밝혀 볼까 한다.

청문회로 온 국민들의 뜨거운 관심 속에 진행되었던 5공특위와 광주특위는 1989년 1월 민정당의 불참으로 중단되었다. 그러다 그해 연말 4당 영수 회담에서 노태우·YS·DJ·JP는 정호용 씨만 희생양으로 삼는 선에서 5공특위와 광주특위 건을 마무리 짓기로 합의했다.

납득할 수 없는 일이었다. 우리 소장 의원들은 지도부의 그런 결정을 도저히 이해할 수가 없었다. 집권당의 반대 때문이라면 청문회가 공전되는 한이 있더라도 마무리하지 말고 그대로 두어야 할 일이다. 그래야 뒷날에라도 바른 매듭을 지을 수 있지 않은가.

또한 전두환 씨의 청문회 증언 문제도 전두환 씨가 서면 질문에 종합적으로 답변하고 보충 질문을 일절 허용하지 않기로 합의되었다. 한마디로 전두환 씨를 국회로 불러내 일방적인 해명기회를 주자는 것에 다름 아니었다. 이것은 법적으로도 명백한 불법이었다. 국회법에 보장된 국회의원의 질문권을 봉쇄한 것이기 때문이다. 한마디로 이건 청문회가 아니라 전두환 씨의 대국민 연설을 의미하는 것이었다.

당연히 이러한 합의에 평민당과 통일민주당의 소장 의원들은 반발했다. 그래서 질문권을 계속 주장하기로 하고 작전까지 미리 짜 놓았다.

1989년 12월 31일 밤, 전두환 씨의 연설이 시작되자마자 국민들의 항의 전화가 빗발친 것은 말할 것도 없다. "저게 무슨 증언이냐? 연설이지", "어서 끌어내서 증언대로 앉히지 않고 뭐 하냐?" 등등. 국회의원들도 "이렇게 국회가 모욕을 당해도 되느냐?"며 모두 흥분했다. 각 당의 원내총무실, 대표실 등을 들락거리며 모두들 무슨 대책을 세워야 한다고 소리쳤다.

그런데 기가 막힌 것은 통일민주당 지도부의 반응이었다. '광주항쟁과 관련된 사안이니 틀림없이 평민당에서 누가 나와 판을 깰 것이다. 그러면 그렇지 않아도 과격한 이미지를 갖고 있는 평민당이 온통 바가지를 뒤집어쓸 것이다. 그러니 우리 당은 절대 항의하지 말고 얌전히 기다려라' 이것이 지도부의 지시 내용이었다. 그런데 나중에 알고 보니 평민당의 지도부도 마찬가지였다.

나는 울화를 삼키며 앉아 있을 수밖에 없었다. 그러다 전두환 씨가 광주학살 대목에서 "자위권 발동……" 운운하며 거짓말을 늘어놓자, 평민당의 정상용 의원이 참지 못하고 "자위권 발동이 뭐야! 발포 명령자 밝혀!"라고 소리치며 앞으로 뛰어나왔고, 동시에 평민당의 이철용 의원이 증언대로 뛰어나가며 "살인자 전두환!" 하며 고함을 질렀다.

순식간에 청문회장은 아수라장이 되었다. 민정당 의원이 들고일어나 삿대질을 해 댔고, 여기에 맞서 평민당 의원들의 맞고함이 시작되었다.

이럴 때는 으레 통일민주당도 일어나 야당 편을 들어주는 게 관례였다. 그런데 그때는 달랐다. 뒤쪽 지도부에서 '우리 당은 조용히 있어라. 이제 평민당이 다 뒤집어쓰게 되었다'는 식의 의사가 전달되어 오는 게 아닌가.

나는 도저히 참을 수가 없어 벌떡 일어나 민정당 의원들을 향해 "전두환이 아직도 너희들 상전이야!" 하며 소리를 질렀다.

결국 소동이 가라앉지 않자 전두환 씨가 퇴장을 했고, 나는 통일민주당의 지도부를 향해 욕을 퍼부으며 명패를 집어 바닥에 팽개쳐 버렸다.

이렇게 해서 역사적인 5공 청산은 허무하게 막을 내렸다.

이제는 그 당시 내가 명패를 전두환 씨를 향해 집어 던졌건 통일민주당의 지도부를 향해 집어 던졌건 아무런 의미도 없는 과거사로 묻혀 버리고 말았다. 그러나 언젠가는 그때 타협이 어떻게 이루어진 것인지를 다시 밝히고, 역사적 평가도 다시 해야 할 것이다.

아무튼 지금도 나를 보고 그때 왜 전두환 씨를 정통으로 맞추지 못했냐며 농담을 하는 사람들을 볼 때마다 나는 속으로 쓴웃음을 금할 수 없다.

# 어느 잔인한 봄날

1989년 봄의 어느 화창한 날이었다.

여느 날과 다름없이 나는 오전에 열린 국회 본회의를 마치고 정문을 빠져나와 의원회관 사무실로 향하고 있었다. 200여 명의 의원들이 탄 검은색 고급 승용차들의 긴 행렬 속에 섞인 채, 나는 자동차 시트에 기대어 싱그럽게 피어나는 가로수 잎을 바라보며 아무 생각 없이 봄의 향취를 즐기고 있었다. 그날따라 하늘도 무척이나 고운 빛깔이었다.

그러나 그렇게 한가로운 나의 계절 감상은 오래가지 못했다. 국회 정문 앞의 버스 정류장을 통과하는 순간, 그곳에 줄을 지어 우두커니 서 있는 수많은 사람들이 눈에 들어왔다. 대정부 질문이 있는 날도 아닌 만큼 방청객도 아닐 테고, 국회 관광을 온 사람들이라고 하기에는 행색이 너무나 초라했다.

"무슨 일이지? 이 시간에……."

"상계동에서 온 철거민들이랍니다. 조금 전까지 국회 앞에서 시위를 벌이다가 이제 막 경찰들에게 강제 해산 당한 모양입니다."

동승했던 비서의 대답이었다.

가지고 왔던 플래카드를 둘둘 말아 들고는 맥 빠진 얼굴로 서 있는 철거민들, 그 앞을 지나는 검은색 고급 승용차의 행렬, 그리고 그 속에서 또 하나의 이방인이 되어 앉아 있는 나…….

나는 고개를 숙였다. 철거민들이 혹시라도 내 얼굴을 보게 될까 봐 두려워 고개를 숙였고, 어깨를 짓누르는 엄청난 슬픔의 무게 때문에 고개를 숙였다. 그리고 그 상태로 그 사람들 앞을 다 지나갈 때까지, 나는 나약한 나의 모습에서 한없는 부끄러움과 주체할 수 없는 절망감을 확인해야만 했다.

과연 이 사람들을 위해 내가 할 수 있는 일이 무엇일까?

돈 있고 힘 있는 사람들은 뻔질나게 드나드는데, 이 사람들은 문 앞에 발도 들여놓지 못하게 하는 이놈의 국회에 과연 내가 앉아 있어야만 하는가?

내가 국회의원 노릇을 함으로써 오히려 권력자들에게 구색만 갖춰 주고 있는 것은 아닌가?

숱한 의문과 회의가 꼬리에 꼬리를 물고 이어졌고, 나는 그런 나 자신의 질문에 아무런 대답도 할 수 없었다. 나에게 남은 것은 오로지 버텨 내기에는 너무나 힘겨운 고통과 가슴을 짓누르는 양심의 가책뿐이었다. 그리고 그동안 쌓여 왔던 숱한 고통과 아픔의 조각들이 한 덩어리로 뭉쳐서 나의 선택을 가혹하게 압박하고 있었다.

그래, 이제는 결정을 내려야지. 이제는 정말 결단을 내릴 때가 되었어!

그로부터 며칠 후, 한때 국민들의 시선이 집중된 가운데 숱한 화제를 불러일으키면서 지난날의 옳고 그름을 가려내었던 청문회가 여당의 일방적인 불참 선언으로 파국을 맞고 말았다. 이미 예상은 하고 있었지만, 반쪽이 되어 버린 청문회는 더 이상 청문회가 아니었다.

한쪽에서는 5공화국 시절의 피해자들이 늘어앉아 목소리도 높이 아우성을 치고 있었고, 또 다른 한쪽에서는 기운 빠진 야당 의원들이 자리를 지키고 앉아 그 모습을 멍하니 지켜보고 있었다. 웃을 수도 없지만 그렇다고 울 수는 더욱 없는, 한 편의 희극이었다.

나는 이 모든 희극과 비극의 무대에서 하루라도 빨리 발을 빼 버리지 않으면, 내가 서 있는 땅 자체가 내일이라도 당장 무너져 버릴 듯한 위기감을 느꼈다.

그래, 더 이상 무엇을 생각하랴. 오로지 이 국회의사당에 불을 지르고 싶은 심정뿐인데…….

나는 반신불수의 흉측한 모습인 청문회장의 내 자리에서 의원직 사퇴서를 써 내려갔다.

"……이제 노태우와 그 일파의 눈에는 국회 같은 것은 보이지도 않는 모양입니다. 회의에 불참하여 국회를 반신불수로 만들고, 증인 출석을 방해하고, 부당한 행위에 대한 시정 요구를 묵살하고, 의결된 법안을 거부합니다. 정말 막가는 행위입니다. 정부가 법을 지키지 않는데 국회가 무슨 소용이고 국회의원이 무엇을 할 수 있겠습니까?

저는 이러한 사태를 국회와 국민에 대한 모욕임은 물론, 그에 그치지 아니하고 의회주의, 즉 민주주의에 대한 정면 도전이라 규정합니다. 그리고 개인적으로 깊은 치욕감을 느낍니다. 물론 사려 깊은 국회의원이라면 이러한 경우라도 참을성 있게 의원의 신분을 유지하면서 주어진 의원의 권한을 최대한 활용하여 민주주의를 지키기 위해 노력해야 한다고 믿습니다.

그러나 현재의 건강 상태는 이러한 수모로, 그로 인한 정신적 고통을 이겨 나갈 만한 상태에 있지 않습니다. 따라서 지금 이 시간에도 온갖 박해를 무릅쓰고 싸우고 있는 대중투쟁이야말로 의정 활동 못지않게 민주주의의 발전에 기여하는 것이라고 보는 입장에 있습니다……."

　　나는 조용히 국회도서관으로 가서 의원직 사퇴서를 복사한 다음 우체국으로 가 국회의장에게 부쳤다. 그러고는 여의도를 떠나 무작정 길을 떠났다.


어느 정도 예상을 안 한 것은 아니지만, 나의 의원직 사퇴는 엄청난 사회적 파문을 불러일으켰다. 그리고 그 파도는 갈수록 커져 나에게 되돌아와 덮쳤다. 정치 신인의 초선 의원이었던 당시의 나로서는 도저히 감당할 수 없는 크기와 무게로…….

　　우선 각 언론에서 연일 대서특필을 했다. 대부분의 언론은 나의 의원직 사퇴를 따뜻하고 동정적인 눈길로 바라보았다. '민의의 소중한 책임을 더 큰 명분을 위해 내던진', '소영웅주의로 비아냥거려서는 안 돼' 등등. 반면에 '청문회 스타로 우월주의에 빠진', '돈키호테적인 한 몸부림' 등 냉소적인 시각도 있었다. 그런데 결론은 이구동성으로 국회에 되돌아와야 한다는 것이었다. 그리고 재야의 각 사회단체에서도 줄줄이 성명을 내고 복귀할 것을 촉구했다.

　　사실 나는 매우 당혹스러웠다. 거의 대부분의 사람들이 나의 의원직 사퇴를 반대한다는 사실은 정말 뜻밖이었다. 국민들에게 비치고 있는 정치인들의 이미지가 너무나 안 좋은 시절이었던

만큼, 나는 '훌륭한 결단'이나 '용기 있는 행동'이라는 소리까지는
못 들어도, 최소한 '그래 그럴 수밖에 없었을 거야!' 정도의 소극
적인 격려는 들을 수 있을 것으로 기대했었던 것이다.

그리고 더욱 나를 당혹스럽게 한 사실은, 나의 사퇴 파동에
대한 초점이 우리 제도권 정치와 의회주의의 한계에 맞춰지는 것
이 아니라, 갈수록 나의 행동이 옳은 것이냐 그른 것이냐에만 맞
춰지는 것이었다. 나의 의원직 사퇴를 계기로 여당의 청문회 불
참 등 의회 경시 태도가 여론의 거센 질책을 받고 국회 정상화 문
제로 이어지기를 바랐던 나의 기대는 애초부터 터무니없는 것이
었다. 한마디로 정치를 너무 순진하게 보았던 데서 생겨난 착오
였다.

나는 몹시 견디기 어려웠다. 참담한 심정으로 충주호, 수덕
사, 강릉 등 여기저기를 떠돌아다녔다.

수안보로 가던 도중 국도 휴게소에서 한 그룹의 낚시꾼들을
만났다. 낚시를 하러 충주호로 가던 그 사람들은 밥을 먹고 있던
나를 발견하고는 반갑게 악수를 청해 왔다.

"아, 노무현 의원이시군요. 뉴스에서 들었습니다."

가슴이 철렁 내려앉았다. 그 사람들이 무슨 말을 할까 두려
웠다. 그런데 그 낚시꾼은 나의 그런 마음을 알고 있기라도 하다
는 듯이 이렇게 말하는 게 아닌가.

"잘했습니다. 맘 잘 먹었습니다. 그리 골 아픈 거 뭐 하러 합
니까?"

긴장이 풀리는 순간이었다.

"우리랑 같이 가서 낚시나 합시다. 이만한 고기가 올라오기

도 합니다.”

낚시꾼은 자신의 오른 팔뚝을 잡아 보이면서 미소를 지었다. 나는 무작정 그들을 따라가 충주호에서 한가로운 사람처럼 낚시를 하곤 수안보에서 하룻밤을 잤다. 아내의 추적 때문에 그곳에서 더 이상 낚시를 계속할 수 없었던 게 아쉬웠지만.

나의 행동을 찬성한 또 한 사람이 있다. 충남 예산의 수덕사에서 만난 젊은 스님이었다. 그 스님은 나에게 ‘사심 없고 용기 있는 결단’을 내렸다면서 치켜세워 주었다. 나는 그때 스님의 말을 들으면서 ‘낚시꾼하고 스님은 세상을 보는 눈이 비슷한 데가 있나 보다’는 생각이 들어 모처럼 미소를 짓기도 했다.

그러나 잠적하고 있던 열흘이라는 기간은 오랜 갈등 끝에 결론을 지은 내 나름대로의 소신이 하루하루 허물어져 가는 과정이었다. 그 모든 사람들이 나에게 일제히 비난의 화살을 퍼붓는 데에는 정말 당황하지 않을 수 없었던 것이다.

곤혹스런 일은 비단 이것뿐만이 아니었다. 잠적 중에 마주친 몇몇 사람이 나를 목격했다고 당에 신고(?)를 한 것이다.

우이동 파크호텔 앞까지 태워 준 택시 기사가 그랬고, 또 장안동에 있는 작은 호텔의 사우나에서 인사를 나눈 사람이 그랬다. 다행히 내가 진짜로 거기 있는가를 확인해 보려는 당으로부터의 전화 덕분에 미리 도망을 칠 수 있었다. 태어나서 처음으로 도망자 아닌 도망자 행세를 하고 다녀야 했던 것이다.

결국 마지막으로 찾아든 곳은 장안동의 어느 작은 여관이었다. 그 여관에서는 내가 들어서자마자 심부름하는 젊은 총각 하나가 곧바로 나를 알아보더니, 정말 안타깝다는 표정으로 이렇게 말하는 것이었다.

"의원님 같은 분이 사표를 내면 우리 같은 사람은 어떻게 해요?"

몹시 부당한 일을 당한 사람의 분노와 실망이 뒤섞인 항의였다. 대답하고픈 말은 많았지만, 그 청년의 애틋하고 진지한 표정 때문에 나는 아무 말도 할 수가 없었다.

그리고 그다음 날 아침, 어젯밤 나를 유심히 바라보기만 하던 주인아주머니가 정성스럽게 잣죽을 끓여 내 앞에 갖다 놓는 순간, 그나마 버티어 왔던 나의 소신은 마지막으로 무너져 내렸다. 이제는 그저 일단 내친걸음을 되돌이켜 세인의 웃음거리는 될 수 없다는 자존심만이 초라하게 나를 버티고 있었다. 의원직을 사퇴한 거창한 명분은 사라지고 이제 어떻게 하면 사퇴를 번복하지 않고 이 모든 것을 버텨 내느냐, 오로지 그 생각뿐이었다.

잠적을 하고 나서 열흘째 되던 날이었다. 나는 주변 사람들의 분위기가 웬만큼은 진정되었을 것으로 생각하고는 집으로 전화를 걸었다. 전화를 받은 건 아내였다. 아내는 '지구당에서 올라왔던 사람들은 다 내려갔다'는 소식을 전하더니 갑자기 나에게 공격의 화살을 퍼붓기 시작했다.

"당당히 버텨야지 왜 사표를 내요? 뭐 잘났다고 여러 사람들의 속을 이렇게 썩이고 있는 거예요? 그리고 사표를 냈으면 사람들 앞에 나타나서 당당하게 안 하겠다고 말할 일이지 비겁하게 도망은 왜 다녀요?"

정말 억장이 무너졌다. 며칠 전 수덕사에 갈 때까지도 가타부타 말없이 동행하며 위로해 주더니 왜 그럴까? 나는 우선 아내부터 설득해야겠다는 생각으로 짐을 챙겼다.

아파트 문을 열고 들어가 보니 뜻밖에도 지구당의 이규도 부위원장이 와락 내 손을 잡았다. 나는 그 순간 이것으로 게임은 끝났구나 싶었다.

에라, 자고 보자. 나는 모든 것을 체념하고 다음 날 아침 늦게까지 깊은 잠에 빠졌다.

다음 날 아침 최형우 의원이 집으로 찾아왔다. 최 의원은 긴말이 필요 없다는 듯이 다짜고짜로 내 손목을 붙잡고는 사퇴 번의서에 서명할 것을 강요했다. 나는 아침 일찍 첫 비행기로 상경한 문재인 변호사의 얼굴을 쳐다보았다. 그는 나보다 나이는 적지만 언제나 냉정하고 신중한 사람이고 권세나 명예로부터 초연한 사람이었다. 아내가 무슨 뜻으로 그를 불렀는지 모르지만 그는 내 편에 서 주리라 생각했다. 그러나 그 친구는 그냥 서명하라는 뜻으로 고개를 끄덕였다.

참으로 고통스럽고 창피한 순간이었다. 그렇게 부끄러웠던 순간은 세상에 태어나 처음 겪어 보는 것이었다. 쥐구멍이라도 있으면 들어가고 싶었다.

그날 오후, 나는 집으로 몰려온 기자들 앞에서 다시 한 번 부끄러움을 감추지 못하며 쩔쩔매어야 했다. 주위 사람들이 가르쳐 준 몇 가지의 사퇴 번복 이유는 하나도 머리에 떠오르지 않았다. 무슨 말을 어떻게 해야 할지를 몰랐다. 죄인처럼 고개를 숙이고 있던 내가 한 말이라곤 고작 이것뿐이었다.

"변명할 말이 하나도 없습니다. 오로지 부끄러울 따름입니다."

　　사퇴서를 낸 행위 자체는 번듯한 명분과 논리를 갖추었고, 사퇴를 철회하기까지의 과정에도 내 나름대로야 어쩔 수 없는 사정이 있어 그렇게 된 것이다. 그러나 그때까지 나는 정치인의 잘못 중에서도 자기가 한 말을 뒤집는 일을 가장 경멸해 왔던 터이라, 이제 내가 내 스스로 한 일을 뒤집는 마당에 무슨 구구한 명분을 생각한다는 것이 도저히 용납되지 않았다.

　　나의 의원직 사퇴는 정치적 판단에 따른 정치적 행위이기도 했지만, 근본적으로는 그 당시에 국회의원 노릇을 계속하고서는 도저히 살 수 없을 것 같은 인간적인 고뇌와 절망에서 비롯된 것이기 때문이었다.

어느 잔인한 봄날에 벌어졌던 나의 의원직 사퇴 파동은 이렇듯 봄바람처럼 해프닝으로 지나가 버렸지만, 나의 자존심을 할퀸 상처는 여전히 깊게 남아 있다.

　　그리고 지금도 나는 그 상처 자국을 어루만지며 고뇌한다. 과연 정치인이 해야 할 진정한 역할과 책임이 무엇인지를……

# 모두가 떠나고 없는 빈 들에서

1990년의 1월은 무척이나 외로운 겨울이었다. 한 달 전까지만 해
도 새롭게 힘을 얻기 시작한 야권통합 운동에 전력을 투구하느라
정신이 없었던 내가, 그 겨울의 어느 날 갑자기 혼란과 고독의 나
락으로 떨어진 것은 바로 세상 사람들을 깜짝 놀라게 만들었던
대사건, 3당합당 때문이었다.

함께 야권통합을 외치던 소장 의원들도, '공화당과 통합만은
절대로 있을 수 없다'던 중진 의원들도 하나둘씩 내 곁에서 떠나
갔다. 그리고 그 모두가 떠나고 없는 빈 들에는 나와 또 한 사람,
김정길 의원만이 남아 있었다.

그 사람만은 그러지 않을 것이라고 믿었던 또 한 사람마저
마침내 떠나 버린 날, 내 사무실을 찾아온 김정길 의원은 아무 말
없이 창밖을 내다보며 눈물을 흘렸다. 그날따라 창밖에는 눈이
펑펑 쏟아지고 있었다. 황량한 벌판에 둘만이 외롭게 버려져 있
는 느낌이었다. 내가 얼마나 무섭고 냉혹한 세계에 몸담고 있었
는가를 뼈저리게 느꼈던 순간이었다.

3당합당이 발표되던 날, 감당할 수 없는 충격에 넋이 빠진 나에
게 어느 한 선배 의원은 YS를 지칭하면서 이렇게 말했다.

"이 영감쟁이가 완전히 돌았어. 말이 되는 걸 해야지. 어떻게
이런 일을 할 수가 있나. 싸우시오! 우리가 힘이 되어 줄 테니, 싸

우시오!"

또 한 사람, 국회의 현관 앞에서 마주쳤던 어느 노선배는 나의 두 손을 꽉 잡으며 비장한 목소리로 말했다.

"열심히들 하시오. 우리도 힘을 모으고 있소."

그러나 백만 원군과도 같았던 그 선배들의 격려는 며칠 안 가서 물거품이 되어 버렸다. 그리고 거의 마지막 순간까지 나와 김정길 의원에게 "당신들 두 사람이 모두 떠나간다 해도 난 혼자서라도 야당에 남을 것"이라고 말했던 사람도 끝내 떠나가 버렸다.

모든 약속과 믿음들이 그렇게 허공으로 흩어져 날아가 버린 빈 들에서 김정길 의원과 나는 텅 빈 가슴으로 차가운 겨울바람에 몸을 떨고 있어야 했다. 허위와 배신에 대한 분노와 쓰라림, 그리고 그런 정치에 대한 환멸로 휩싸인 채……

그렇다고 모두에게서 분노만을 느꼈던 것은 아니었다. 정말 가슴 아픈 사연도 있었다.

마지막 순간까지도 흔들림 없이 우리와 함께 남겠다는 뜻을 밝혔고, 또 그 뜻을 서명으로 확인해 주었던 그 친구와의 사연이다. 그 친구는 야당 잔류 의사를 기자회견을 통해 밝히기로 한 바로 전날, YS를 만난 자리에서 기어이 무너지고 말았다.

김정길 의원이 그 소식을 내게 전하면서 이렇게 말했다.

"그래도 그 친구는 맨 나중까지 버텨 주어서 큰 힘이 되었는데……. 함께 밥이라도 한 끼 먹으면서 '너무 미안하게 생각하지 말고 부담 없이 가시오. 거기 가서도 열심히 하시오' 하고 얘기라도 해 줍시다."

그런데 때마침 김정길 의원에게 급한 약속이 생겨서, 나 혼자서 그 친구의 행적을 수소문하다가 저녁 무렵이 되어 결국 집으로 직접 찾아 나서게 되었다. 사실 집이라고 하지만, 그곳은 자기 집도 아니었다. 돈도 없고 집도 없는 노동자 출신이라 서울에 있는 누나의 집에 얹혀서 사는 신세였던 것이다.

그 친구의 자형과 누나가 나를 맞아 주었다. 나는 찾아온 이유를 말하고 그 친구를 만나 보겠다는 뜻을 전했다. 그러나 그 친구는 어디서 그렇게 술을 마셨는지, 아예 인사불성이 되어 있었다. 이층의 방 안에 틀어박힌 채 고래고래 질러 대는 그의 고함 소리가 처절한 신음 소리로만 들릴 뿐이었다.

그 친구의 누나와 자형이 이층에 올라가서 이야기를 전하려 했으나 도저히 불가능했다.

"도저히 안 되겠습니다. 저래 가지고서야 어떻게 사람을 만날 수 있겠습니까? 그냥 돌아가 주세요. 제발 부탁드립니다."

통사정을 하는 그 친구 누나의 얼굴에 가득 담긴 슬픔을 뒤로하고 나는 그냥 발길을 돌리지 않을 수 없었다.

"우리 처남이 노 의원처럼 변호사거나 돈이 조금만 있었어도 한번 버텨 볼 수도 있었을 텐데, 원체 돈이 없으니 어쩔 도리가 없군요."

마주 앉은 나에게 그 친구의 자형이 푸념처럼 흘린 이 한마디가 살 속에 박힌 가시처럼 자꾸만 아파 오는 것을 느끼며 나는 괜한 밤하늘만 노려보았다. 그냥 고통 없이 떠나게나. 자네만이 아니라 우리 모두의 고통이고 부끄러움인 것을……

나는 지금도 그 친구가 비록 여당이라는 다른 길로 갔지만, 그때의 고통을 가슴에 간직한 채 그때처럼 고민하는 자세로 살고 있으리라 믿고 있다.

당시 나는 정치를 그만두리라 마음먹고 있었다. 그런데 한참을 지나 보니 어느새 주춤주춤 민주당의 창당에 발을 들여놓고 있었다. 야당이 무너진 곳에 야당을 다시 일으켜 세우자, 명분은 그랬지만 사실은 김정길 의원에게 이끌려 들어가 헤어 나오지 못했다고 보는 것이 진실에 가까울 것이다.

　어떻든 모두가 떠나 버리고 없는 빈 들에서 나와 김정길 의원은 다시 몸을 일으켜 새로운 집을 짓기 시작했다.

# 덕분에 잡지 많이 팔렸어요

"고졸 변호사…… 상당한 재산가. 의원직 사퇴서 제출 촌극을 빚는 등 지나치게 인기를 의식한다는 지적도. 한때 부산요트클럽 회장으로 개인 요트를 소유하는 등 상당한 재산가."

통합된 민주당의 대변인으로 임명된 그다음 날, 『조선일보』에 실린 나에 대한 인물평이다. 참으로 야박하기 짝이 없다는 느낌을 지울 수 없었다.

다른 내용이야 어쨌든 간에 우선 '요트를 소유하고 있다'는 부분은 분명히 사실과 다르기 때문에, 나는 그에 대한 해명 자료를 각 신문사에 팩시밀리로 보내면서 인용하지 말 것을 부탁했다.

그런데 뜻밖에도 그 일이 '괘씸죄'로 찍혔던 듯하다. 얼마 후 『조선일보』에서 발행하는 시사 주간지에 말 그대로 눈앞을 아찔하게 만드는 기사가 게재되고 만 것이다. '노무현 의원은 과연 상당한 재산가인가' 하는 제목하에 내가 엄청난 땅을 소유하고 있는 것으로 쓴 것이다.

대충 굵은 글자로 쓰여진 것만 보더라도, '7개월 만에 판사직을 사퇴한 것은 관료주의 체질에 대한 회의도 있었지만 실은 돈을 벌기 위해서', '시국 사건은 재미도 없고 끝나도 고맙다는 인사가 없다고 불평하면서 다시는 맡지 않겠다고 했다', '노사분규에 끼어들어 노사 쌍방으로부터 돈을 받기도', '노 의원의 재산이 상당하다는 얘기는 1년 전부터 정가에 파다하게 나돌아', '형 건평

씨의 부동산 투기에 노 의원 상당액 지원하기도', '13대 총선 때 YS가 2억 원 지원, 남은 돈 6,000만 원으로 아파트 계약' 등등.

게다가 금고가 있는 침대 앞에서 속옷 차림의 내가 방 안의 모습을 찍으려고 하는 카메라를 막기 위해서 쩔쩔매는 모습의 만화까지 곁들였다.

이렇게 해서 나와 『조선일보』의 전쟁은 시작되었다. 그리고 나는 『조선일보』라는 거대 언론에 맞서 소송을 제기하여 승소한 막강한(?) 정치인이 되었다.

13대 국회의 첫 대정부 질문 당시 나는 언론사에 보낼 사진 한 장도 준비해 놓지 못했을 정도로 언론에 대해 무지한, 한마디로 한심한 정치인이었다. 한참 후까지도 당 출입 기자들 가운데 내가 이름을 알고 있는 기자는 손에 꼽을 정도였으니.

하지만 그리 내가 밉상은 아니었는지, 언론들은 나를 '인권 변호사', '민권운동가', '청문회 스타' 등으로 표현해 주면서 상당히 우호적으로 기사를 써 주었다. 그런 면에서 보면 나야말로 보기 드문 행운아였다는 생각도 든다.

그러던 내가 언론의 뜨거운 맛을 보게 된 것은 '현대중공업 사건'부터였다. '현대중공업 사건'을 계기로 나는 언론으로부터 거의 떡이 되도록 얻어맞는 홍역을 치렀던 것이다.

1988년 12월 말, 내가 울산 현대중공업에서 연설을 하고 난 뒤 포항에서 연설을 하고 있었을 때였다. 중앙당에서 갑자기 소환 지시가 내려왔다. 내가 현대중공업의 연설에서 '나 같은 사람 20명만 있으면 국회도 흔들 수 있다', '나는 대한민국 어디에서 출마해도 당선된다'고 말한 것으로 신문에 기사가 나, 지금 중앙당은 물론 김영삼 총재의 상도동 집에도 항의하는 전화가 빗발치고 있으니 빨리 올라와서 해명하라는 것이었다.

나는 깜짝 놀라 서울로 급히 올라왔다. 의원회관 사무실과 우리 집은 물론 지구당으로까지 '청문회로 스타가 되더니 교만하기 짝이 없다'는 시민들의 비난 전화로 거의 불통이 되다시피 했다.

참으로 황당한 일이었다. 사실 내가 울산에서 한 말은 "노동자 대표 20명만 국회에 보내 주면 화끈하게 한번 하겠는데", 그리고 "(여기 울산 동구에서) 노동자 대표 한번 뽑아 주이소. 저는 딴 데 어디 가면 또 안 되겠습니까?"라는 말이었다. 내가 그런 말을 한 이유는, 당시 내가 파업 노동자들에게 연설하는 것을 못마땅하게 생각한 회사 측이 내가 다음 선거에 울산에서 출마하려고 한다는 소문을 냈기 때문이었다. 그건 물론 회사 측이 나의 울산 방문의 순수성에 흠집을 내기 위해 지어낸 것이었다. 그래서 나는 그 헛소문에 방어한답시고 우스갯소리를 섞어 그 말을 했던 것이다.

이 기사를 접한 많은 사람들이 나에게 비난을 퍼붓기 시작했다. 평소 내가 노동자 편을 들고 있는 것을 눈엣가시처럼 보던 사람들에게 무차별 공격의 호재를 준 셈이었다. 그런데 그거야 그렇다 치더라도 내가 크게 당혹하지 않을 수 없었던 것은, 나를 긍정적인 눈으로 보아주던 사람들에게도 매우 경박한 사람이라는 비난을 듣게 된 것이다.

게다가 사실을 해명하는 과정에서는 실수까지 범했다. 겸손한(?) 해명이 아니라 기자들이 재벌과 결탁하여 허위 보도를 한

것이라고 기자들을 공격한 것이다. '기자들이 재벌과 결탁했다'
는 부분은 당시 보도의 자료가 현대중공업 홍보실에서 배포한 것
이라는 근거를 가지고 한 말이었으나, 그렇다고 언론을 맞대 놓
고 공격한 것은 언론의 위력을 몰라도 한참 모르는 무모한 짓이
었다. 그 때문에 나는 홍역을 한 번 더 치러야만 했다.

그래서 그랬는지는 몰라도 일부 언론들은 나의 반론에 지면
을 할애해 주기는커녕, 반론하는 모습 자체를 문제 삼기도 했고,
국회의원이 노동 현장에 간 것 자체를 다시 문제 삼아 비난 기사
를 내기도 했다. 다만 H신문만은 많은 지면을 할애하여 왜곡 보
도의 진상을 소상하게 보도해 주었다. 나는 지금도 그 고마움을
잊을 수 없다.

어떻든 나는 그 사건으로 인해 '경솔하고도 교만스러운 사람'
이 되어 버렸다. 그 당시는 사람 만나기가 두려울 만큼 거센 비난
과 충고를 들어야 했고, 지금도 가끔은 그때 보도를 진실로 알고
충고하는 사람이 있을 만큼 큰 상처를 입었다.

언론의 생리에 대한 나의 무지에서 비롯된 첫 마찰은 그렇게 시
작되었고, 급기야는 『조선일보』와의 싸움으로 이어지고 말았다.

문제의 시사 주간지 기사는 취재를 한 지 1년 만에 나온 기
사였다. 그래서 나는 그 기사가 고의적인 모함이라는 생각이 들
지 않을 수 없었다. 그러면서 이런저런 의심들이 꼬리를 이었다.
다음과 같은 일이 있었다.

어느 날 어떤 청년이 나이 어린 소년들을 데리고 의원회관
사무실로 찾아와 '무조건 나를 만나겠다'고 하면서 비서들과 옥

신각신을 하고 있었다. 이야기를 들어 보니 그 청년은 10여 명의 소년들과 함께 『조선일보』 지국에서 신문 배달을 하고 있는 사람이었다.

그 청년의 이야기는 대강 이런 것이었다.

얼마 전부터 자신들이 노조의 형태는 아니지만 노조 비슷한 걸 하나 만들어서 자신들의 권리를 주장하려 하고 있었다. 그런데 그런 움직임을 어떻게 알았는지, 어느 날 갑자기 본사의 명령에 의해 지국장이 본사의 직원으로 교체되더니 급기야 배달원까지도 힘깨나 쓰는 사람들로 교체되어 버렸다. 그래서 당장 숙소에서 쫓겨날 판이니, 노 의원이 좀 도와주었으면 좋겠다는 것이었다.

나는 언뜻 내가 개입한다고 해서 해결될 일이 아니라는 생각이 들었다. 그러나 한편으로는 소년들의 딱한 사정을 외면할 수도 없어, 결국 다른 선약마저 취소하고는 그 청년을 따라 배달 소년들의 합숙소를 찾아갔다.

소년들은 자기들 스스로 생활의 규율을 만들어 놓고는 그것을 지키면서 함께 공부도 하고 서로 의지하며 모범적인 생활을 하고 있었다. 형편없는 열악한 환경에서 살아가고 있었지만, 모두들 맑고 건강했고 또 성실한 모습이었다. 정말 감동적인 모습이었다.

하지만 이 친구들에게도 '잔꾀'가 없는 건 아니었다. 내가 나타난 것을 계기로 그 친구들은 '우리들에게도 도와주는 사람이 있다'는 사실을 지국장에게 확인시켜 주고 싶었는지, 나와 지국장이 맞닥뜨리도록 자리를 만들었다. 나는 지국장과 이야기를 나누다가 서로 이야기가 곱지 않게 되자, "앞으로 이 소년들을 도와줄 생각이니 법에 어긋난 일이 없도록 하라" 경고를 하고는 돌아왔다.

그런데 며칠 후 나는 뜻밖의 전화를 받게 되었다. 우리 당을 출입하던 『조선일보』 기자가 나에게 전화를 걸어 온 것이었다. 요지는 '그 일에서 손을 떼 달라'는 것이었다. 상당히 고압적인 말투였다. 그게 나의 기분을 상하게도 했지만, 무엇보다도 내 눈앞에는 그 배달 소년들의 초롱초롱한 눈빛이 떠올랐던 것이다. 나는 그 기자에게 이렇게 쏘아붙였다.

"여보쇼, 당신이 기자라면 기자답게 기사나 쓰쇼. 기자가 이런 일로 은근히 협박이나 하다니……."

그리고 그 일은 그렇게 지나가고 말았다. 그러다 『조선일보』가 발행하는 시사 주간지의 기사를 통해 신나게 얻어맞은 후에 그때의 일이 떠오르는 것이 아닌가. 물론 그때의 일로 인해 내가 보복을 당한 것인지는 지금도 확실하게 알 수가 없다. 어떻든 지금 생각해도 겁 없는 철부지(?)의 짓이었다.


막상 『조선일보』를 상대로 소송을 제기하려 하자 주위의 모든 사람들이 일제히 말리고 나섰다. 통합민주당의 대변인이 기자를 상대로 소송을 걸다니 말도 안 된다는 것이었다. 개인 노무현이 아니라 민주당 대변인인 노무현이기 때문에 안 된다는 것이었다.

그 밖에도 여러 가지 이유들이 있었다. 정치인이 신문사와 싸워 뭐 좋을 게 있냐, 옛날에 평민당도 『조선일보』와 싸워서 덕 본 거 하나 없었다 등등이었다. 하지만 소송이 옳지 않은 방법이니까 하지 말라는 사람은 없었다. 옳지만 손해 보니까 하지 말라는 것이었다.

그리고『조선일보』의 대응도 만만치 않았다. 민주당을 비방하는 기획 기사를 시리즈로 내보내겠다고 중앙당에 압력을 넣은 것이다.

그러나 나는 굽히지 않았다. 정치인이기 이전에 부당한 인권 침해에 대해 항의하고 싸우는 것은 한 시민으로서의 의무이기 때문이었다. 그리고 솔직히 말해 한편으로 언론과 싸워 이긴 최초의 정치인이 되고 싶은 영웅심도 조금은 있었다.

물론 두려움이 없지는 않았다. 이걸로 내 정치생명이 끝날 수도 있다는 것이 가장 큰 두려움이었다. 또 법원이 과연 소신 있게 이 사건의 판결을 내려 줄 것인가 하는 불안감도 적지 않았다.

그러나 나는 결국 소송을 제기했다.

소송을 제기하자마자『조선일보』측에서 화해의 손길을 내밀어 왔다. 똑같은 분량의 해명 기사를 내 이름으로 게재해 주겠다는 것이었다. 나는 받아들이지 않았다. 나의 요구 조건은 분명했다. 즉 당신들 입으로 기사가 틀렸다는 사실을 인정하고 당신들의 이름으로 사과하는 기사를 써야만 화해할 수 있다는 것이었다.

결국 나는 1심에서 승소했다. '기사 전체가 사실무근이며 나의 명예를 훼손했다'는 판결이 내려진 것이다. 기분이 좋았다. 나의 명예를 되찾아 기분이 좋았고, 또 우리나라에서 최대의 부수를 자랑하는 일간지를 상대로 승리했다는 사실 자체가 기분이 좋았다.

그런데 그 기분도 잠시일 뿐이었다. 어느 신문을 뒤져 봐도 나의 승리를 전해 주는 기사가 없는 게 아닌가. 조금 큼지막하게 처리해 준 H신문과 1단 기사로 처리해 준 D일보를 제외하고는, 나의 승소를 알려 주는 기사는 없었다. 언론인들의 뿌리 깊은 '동족 의식'에 혀를 내두르면서 나는 다시 한 번 절망하지 않을 수 없었다.

결국 나는 『조선일보』 사장과 문제의 기사를 쓴 기자의 사과를 받아들이고는 아무런 조건 없이 소송을 취하했다. 끝까지 소송을 해 본들 다른 신문과 방송이 보도를 하지 않는 이상 명예를 회복할 길도 없고, 잘못하면 언론 전체의 괘씸죄에 걸려 무슨 일을 또 당할지 모른다는 피해 의식 때문이었다. 그나마 1심에서의 승소를 위안으로 삼는 것이 나를 위해서도 더 편할 것 같았다.

이 사건과는 성격이 다르지만, 언론의 선정적인 보도로 인해 피해를 본 일도 있었다. 어느 시사 주간지였다.

주간지라는 성격 탓인지 몰라도 나와 인터뷰를 한 그 기자는 나의 정치적 견해나 포부, 그리고 정치에 대한 전망보다는 가족이 몇 명이며 어릴 때는 어떻게 지냈었냐는 등의 에피소드에만 관심이 있었다. 그 가운데 하나로 여성관을 물어보는 기자의 질문에 나는 이렇게 대답을 해 주었다.

"결혼한 후 10년 동안은 가끔 부부 싸움을 했던 일도 있었습니다. 때로는 감정이 격해져 주먹질을 한 일도 한두 번 있었습니다. 하지만 재야 운동에 가담한 뒤로는 여성의 사회적 지위와 역할에 대해 많은 생각을 했고 그로 인해 여성을 대하는 태도가 많이 바뀌었습니다. 하지만 아직까지도 체계적인 여성관을 갖고 있지는 못합니다."

그리고 그다음 주에 발간된 그 시사 주간지에는 다음과 같은 헤드라인이 시커먼 글자로 뽑혀 있었다.

－노무현 아내 구타설의 진상, 돈이 너무 많아서 고민

　나는 아연실색하지 않을 수 없었다. 심지어는 내가 인터뷰를 하는 과정에서 무슨 헛소리를 했던 게 아닌가 하는 생각까지 들 정도였다. 그러나 아무리 생각해 봐도 그런 헛소리를 한 적은 없었다.

　그 기사의 내용을 읽어 보니 제목하고 일치되는 내용의 기사는 한 군데도 없었다. 한마디로 남이야 죽든 말든 신문만 팔아먹으면 된다는 발상이 이처럼 황당하고 해괴한 헤드라인을 뽑아낸 원흉이었다.

　난데없는 '아내 구타설'이 나오고 '노동자를 변론한다 해서 꼭 가난해야 하는 건 아니다'라는 말이 '돈이 많아서 고민'으로 바뀐다면 정말로 무슨 말을 입 밖에 낼 수 있을 것인가.

　그 직후 그 주간지를 발행하는 신문사의 우리 당 출입 기자가 나를 보더니 싱글벙글 웃으면서 약을 올렸다.

　"덕분에 잡지 많이 팔렸어요. 재판도 찍었다는대요."

# 또 하나의 시작

1988년 4월의 13대 국회의원 선거 당시, 부산 동구에서 허삼수 씨를 상대로 출마한 나를 지원하기 위해 내려온 통일민주당의 김영삼 총재는 유권자들을 모아 놓고 이렇게 이야기했었다.

"허삼수 후보는 반란을 일으킨 군인입니다. 반란의 총잡이입니다. 총잡이는 국회로 보낼 것이 아니라 감옥으로 보내야 합니다."

그로부터 꼭 4년이 지난 1992년의 14대 국회의원 선거 당시, 이번에는 허삼수 씨를 지원하기 위해 내려온 민주자유당의 김영삼 총재는 유권자들 앞에서 이렇게 이야기를 했다.

"허삼수 씨는 충직한 군인입니다. 허삼수 씨를 뽑아 주시면 제가 중히 쓰겠습니다. 저를 대통령으로 만들어 주시기 위해서도 허삼수 씨를 국회의원으로 뽑아 주십시오."

뽕밭이 변해서 바다가 되었기 때문일까? 아니면 이를 두고 격세지감이라고 하는 것인가? 그렇다고 하기에는 그 4년이란 세월이 너무도 짧다. 이렇게 변화무상한 곳이 정치판인 줄 알았다면 내 일찍이 발을 늘여놓지 않았을 텐데…….

변한 건 YS만이 아니었다.

4년 전에는 YS를 '대권병자'로 몰아붙였던 허삼수 씨가 14대 선거에서는 이렇게 말하는 것이었다.

"위대한 민족의 지도자 김영삼 총재님, 그 어른을 모시고 부산의 발전을 위해 이 몸을 바치겠습니다."

그리고 극에서 극을 오갔던 그 두 사람의 변화는 결국 나에게 '낙선'이라는 쓰디쓴 선물을 안겨 주었다.

처음부터 안 되는 선거였다. 내 주변에 있는 사람 모두 부산 출마를 말렸다. 그러나 김정길 의원과 나는, 그래도 부산을 떠날 수 없다는 결론을 내렸고, 우리 당의 간부들은 '야당 복원', '통합 야당'을 외치며 우리의 등을 떠밀었다.

　　선거를 치르기 위해 부산에 내려온 나는 정말로 눈앞이 캄캄했다. 3당합당 덕분에 중진 아닌 중진이 되어 야권통합이니 하면서 중앙 정치를 한답시고 여기저기 뛰어다니느라 지난 4년 동안 지역구를 거의 돌보지 못한 탓에, 지역구는 황폐해 있었다. 게다가 부산 사람들은, 마치 자기 자식이 입학시험을 치르기라도 하듯이, YS를 밀어줘야 한다는 분위기로 들떠 있었다. 그렇게 들뜬 분위기의 한가운데로 김대중 씨가 대표로 있는 당의 대변인이 뛰어들어 선거를 치르겠다고 했으니……. 표가 보일 리가 없었다. 하지만 어쩌랴, 이 마당까지 와서 하는 데까지는 해 봐야지.

　　그런데 정치는 마약과도 같다고 하더니, 막상 선거전이 시작되면서 뜻밖에도 분위기가 달라지는 듯했다. 유권자들이 무척이나 반가워해 주는 것을 보고, 잘하면 될 수도 있겠구나 하는 기분도 들었다. 은근히 용기도 생기고 욕심도 나기 시작했다.

　　그러나 그것은 착각이었다. 유권자들이 나를 반겨 준 것은 나를 지지해서가 아니라 단지 내가 유명인이기 때문이었다. 지역개발을 하라고 국회의원을 뽑는 것은 아니며 또 법적으로나 현실적으로 국회의원이 지역개발을 하는 게 불가능하다며 열심히 '지역개발론'을 공격했으나, 허삼수 씨가 그동안 골목골목을 누비며 엮어 놓은 끈끈한 관계를 뚫기에는 역부족이었다.

그리고 낙선의 근본적인 원인은 '노무현이를 밀어주면 DJ가 대통령 된다. YS를 대통령으로 만들려면 미워도 허삼수를 찍어야 한다. 이번엔 후보 보고 찍는 게 아니다'라는 부산 사람들의 의식에 있었다. 사실 그 한마디로 선거는 끝난 것이나 다름없었다.

결국 선거는 YS가 좌천동 증산공원에 들러 허삼수 씨의 손을 번쩍 드는 것으로 이미 끝나 버린 것이다.

13대 선거 당시에는 개표 도중에 자다가 일어나 보니 이미 당선이 되어 있었는데, 이번 14대 선거에서는 자다가 일어나 보니 이미 엄청난 차이로 떨어져 있었다. 이로써 나는 정치 입문 4년 만에 '청문회 스타'라는 최상의 경험으로부터 '낙선'이라는 최악의 경험까지 두루 맛보았다.

낙선 직후 나는 이제야말로 홀가분하게 정치판을 떠나야지 하는 생각뿐이었다. 그러나 정치는 이미 나의 운명이 되어 버린 것인가. 낙선으로 싫든 좋든 나를 둘러싸고 있던 화려한 장막이 사라지고 난 뒤, 나의 텅 빈 마음속에서 정치란 무엇인가 하는 근원적인 고뇌가 시작되었고, 결국 나는 아무것도 남아 있지 않은 상태에서 새롭게 시작할 수 있게 되었다.

낙선이 나에게서 모든 것을 빼앗아 간 것만은 아니었다. 우리 당원들이 나를 민주당의 가장 젊은 최고위원으로 뽑아 준 것은 나의 낙선에 대한 보상이었을 것이다. 아무튼 나는 보다 큰 시야에서 정치를 배울 기회를 얻게 된 것이다.

아직 경험이 일천한 내가 최고위원에 출마하기로 마음을 먹었던 데는 몇 가지 이유가 있었다.

그 가운데 하나는 최고위원회가 젊어져야 한다는 생각이었다. 그리고 또 하나 밝히기 부끄러운 이유도 있다. 내가 국회의원 선거에서 떨어져 버리자, 나에 대한 정치적 기대들이 무너지면서 정치자금을 마련할 길이 막혀 버렸다. 그래서 최고위원에 당선됨으로써 아직 노무현이는 살아 있다는 것을 보여 줄 필요가 있었던 것이다. 그러나 무엇보다도 가장 큰 이유는 출마하면 당선될 수도 있다는 가능성이었다.

우여곡절은 있었으나 어떻든 나는 전당대회에서 최고위원에 당선되었다. 나로서는 매우 큰 영광이고 또한 무엇에 비길 수 없는 크나큰 격려였다. 그런데 한 가지, 김정길 의원이 최고위원에서 떨어진 것은 참으로 가슴 아프고 미안한 일이 아닐 수 없다. 더구나 김정길 의원은 내가 떨어질까 봐 가는 곳마다 내 이름을 들먹이며 지지해 줄 것을 부탁했었는데…… 어찌 보면 김정길 의원의 낙선에 힘입어 내가 당선된 셈이었다.

김정길 의원과는 13대 국회의원에 당선되자마자 통합 운동을 하면서 맺어졌고, 다시 3당합당 당시 단둘이 잔류하면서 더욱 굳어졌고, 그리고 그 후 함께 부산에 출마하고 낙선하면서 이제는 서로 떼어 놓을 수 없는 관계가 되었다. 그런데 그런 김정길 의원과의 인연에 얄궂은 사연 한 페이지가 기록된 것이다.

김정길 의원은 볼수록 존경스러운 사람이다.

3당합당 당시를 돌이켜 보면, 나는 내 주위의 사람들로 보나 나의 여건으로 보나 야당에 잔류하는 결정을 아무런 스스럼없이 내릴 수 있었다. 나의 주위에는 온통 재야 변호사, 학생운동권 출신, 노동운동가들이 버티고 있었고, 그 사람들은 모두 내가 노태우 씨와 악수하는 일을 절대로 용납할 수 없었기 때문이다. 그야말로 나는 다른 선택의 여지가 없었던 셈이다.

게다가 나는 경제적으로 어려워질 경우에는 변호사라는 대안이 있었고, 또 정치적으로 힘들어지면 돌아갈 수 있는 재야라는 길도 있었다.

그러나 김정길 의원은 그렇지 않았다. 김정길 의원은 그런 면에서는 나와는 전혀 조건이 달랐다. 그런 만큼 그의 잔류 결정은 고뇌에 찬 결정이었고 정말 위대한 결단이었다.

그뿐만이 아니다. 그 후 민주당을 창당하고 통합을 이루어 내고 원내총무와 최고위원을 거치는 동안, 그의 결정은 항상 공명정대하고 합리적이었다. 일을 꾸려 가는 교섭력과 추진력도 대단했다. 그동안 민주당의 최고위원회가 몇 가지 뼈아픈 실책을 저질렀을 때마다 그의 최고위원 낙선이 더욱 뼈아프게 여겨지곤 했다.

어쨌든 나는 그 양반이 참 잘되었으면 좋겠다. 정치적으로 성공하기를 바라는 마음뿐이다. 그래서 그 양반이 성공하는 날, "내가 그래도 동지라고 행세하면서 옆에서 중심을 잡아 줬기 때문에 이렇게 성공할 수 있었다"고 공치사라도 한번 해 보고 싶다.

어느덧 낙선한 지도 만 2년 반이 지나고 있다. 다음의 15대 국회의원 선거도 얼마 남지 않은 셈이다. 한편으로는 기다려지기도 하지만, 한편으로는 여전히 두려운 마음을 감출 수 없다. 어떻게 나서야 할지, 어떻게 해야 이길 수 있을지, 14대 선거 당시의 그 막막했던 심정이 그대로 되살아날 뿐이다.

그동안 몇몇 신문에서는 내가 지역구를 울산, 김해, 구로 아니면 구리, 안산, 인천 등으로 옮길 것이라고 추측 보도를 하기도 했다. 그 밖에도 여러 가지 추측이 난무하고 있는 게 사실이다. 모두 나와 무관한 이야기들이다. 내가 입 밖에 꺼낸 적도 없는 이야기들이다. 그런가 하면 다음 국회의원 선거 때 또다시 부산에서 나와 이번에는 당선될 것이라는 추측도 있다. 또 이번에도 역시 떨어질 것이라는 추측도 있다. 그런 추측들에 대해 일일이 대꾸를 할 필요는 없을 것이다.

다만 분명한 것은 나는 15대 선거에서도 역시 부산에서 출마할 것이라는 사실뿐이다. 그 이유는 오히려 간단한 데에 있다. 그렇게 하는 것이 '나다운 것'이라고 생각되기 때문이다. 그리고 무엇보다도 나를 아끼는 사람들, 특히 나를 좋아하는 사람들이 그렇게 해 주기를 기대하고 있기 때문이다.

반면에 정말로 더 큰일을 하기 위해, 지역구를 옮겨서라도 국회에 들어가야 한다고 얘기하는 사람들도 사람 기를 죽일 만큼 많은 것도 사실이다.

물론 나도 떨어지는 선거에 또다시 나가고 싶지는 않다. 또한 나에게도 물론 미래 사회에 대한 이상이나 포부가 큰 만큼, 안전하게 당선되고 싶은 마음도 간절하다.

하지만 나는 무엇보다도 부산 시민의 역량을 믿어 보고 싶다. 지난번이야 YS를 대통령으로 만드느라고 그랬다 치고, 이제는 사정이 달라질 것이라고 믿는다. 그리고 무엇보다도 내가 부산에서 출마해야 하는 이유는, 국회의원 한 번 더 하려고 지역구까지 옮기는 초라한 모습을 보인다는 것은 도리를 따지기 이전에 내 자존심이 허락지 않기 때문이다.

# 잃어버린 영웅

**2부**

# 영원한 보스

1989년에 의원직 사퇴를 했을 당시의 일이다. 당시 나는 1년 남짓한 정치판에서의 생활에 제대로 적응을 하지 못한 채 혼돈의 와중에서 방황을 거듭하고 있었다.

여당의 일방적인 불참으로 파국을 맞이했던 청문회, 기대했던 것만큼 쉽게 풀려 나가지 않는 야권통합, 국회의원이 되기 전에 청년들과 했던 굳은 약속들, 그리고 박해 받는 현장에서 항상 제3자로 남아 있어야 했던 국회의원이라는 신분, 그 모든 것들이 한꺼번에 나를 압박하기 시작했고 나는 결국 더 이상 버티지 못하고 의원직 사퇴서를 던지고 말았다.

당시 YS가 이끌던 통일민주당은 청문회 등을 통해 주가가 올라가고 있었다. 13대 총선에서 제3당으로 전락한 데다가 야권 분열에 대한 국민적 비난을 감내하지 못해 말 그대로 의기소침의 수렁에 빠져 있던 통일민주당으로서는 청문회야말로 가뭄에 쏟아진 한줄기 시원한 소나기와 같은 활력소였다. 그런 판에 돌연한 나의 의원직 사퇴는 YS에게 정말 속 썩는 일이 아닐 수 없었다.

사퇴의 번복을 요구하는 당의 요구와 압력은 예상보다 훨씬 거세었다. 나는 결국 당 간부들의 추적을 피해 전국을 돌아다니면서 도주와 은신을 계속하는 도망자의 신세가 되고 말았던 것이다.

그렇게 잠적 생활을 하던 중 우연한 계기로 YS와 연락이 닿게 되었다. YS는 '긴말하지 말고 일단 한번 만날 것'을 요청해 왔다. 사퇴 의사는 확고하다는 점을 분명히 밝혀 드리고 싶기도 했고 본의 아니게 누를 끼치게 된 것을 사과하기도 할 겸해서 나는 YS와의 면담을 위해 상경했다.

YS를 만난 건 그의 상도동 자택에서였다. YS는 남의 눈을 피하는 나의 처지를 고려한 듯 미리 다른 손님들을 물리쳐 놓고는 나를 기다리고 있었다. 나는 YS를 만나기 전에는 간곡히 그러나 단호하게 내 뜻을 말씀드리리라 마음을 다졌었다. 그러나 막상 마주 앉고 보니 바늘방석 같은 자리였다. 면목이 없어 고개를 들 수가 없었다.

"노 의원, 어서 오게. 고생이 많지?"

혹독하게 몰아칠 준비운동을 하는 것일까? YS가 처음으로 던진 말은 무척이나 낮고 평온했다.

"총재님, 심려를 끼쳐 드려서 죄송합니다."

"응? 아냐, 아냐! 그렇지 않아."

흥분되고 격앙된 목소리를 기대했던 나의 예상과는 달리 YS는 따뜻하게 나를 대했다. 표정은 다정스러웠고 말투는 부드러웠다. 나는 일순간 한없는 포근함을 느끼면서도 긴장의 고삐를 늦추지 않고 있었다. 마치 폭풍 전야의 벌판에 서 있는 사람과도 같이.

그러고는 침묵이 흘렀다. YS는 한참 동안을 무언가 깊은 생각에 빠져 있는 듯했다. 2분여가 지났을까, YS는 마침내 정색을 하더니 다시 말을 꺼내기 시작했다. 본론이 시작되는 것 같았다. 나는 '이 자리에서 사퇴를 번복하지 않으면 저 문으로 돌아 나가는 일도 쉽지는 않겠지' 하는 생각을 하면서, 한편으로는 어떤 일이 있더라도 설득되지 말아야지 하는 생각으로 방어 태세를 가다

들었다.

"노 의원, 그래 얼마나 마음이 아픈가? 내 노 의원 마음 다 안다. 충분히 이해하고말고. 우리 정치판이 너무 험해서 그렇지. 노 의원처럼 깨끗한 사람이 버텨 나갈 곳이 못 되는 것 같아. 그렇게 순수한 사람들이 소신껏 일을 할 수 있는 정치가 되어야 할 텐데 말이야……."

뜻밖이었다. 그러나 그다음의 말은 더 뜻밖이었다.

"어디 가서 좀 쉬게나. 낚시라도 하면서……."

YS의 말은 그게 전부였다. 사퇴 철회는커녕 사퇴의 '사' 자도 입에 올리지 않았다. 게다가 때 아닌 '낚시 비용'으로 200만 원이 든 돈 봉투를 직접 내 손에 쥐어 주기까지 하는 것이었다.

당황하지 않을 수 없었다. 이걸 어떻게 해석해야 하나? 왜 사퇴서 얘기는 한마디도 꺼내지 않는 것일까? 이 돈 봉투는 받아도 되는 것일까? 온갖 의문들과 당혹감이 머릿속을 떠나지 않으면서 맴돌고 있었다.

그러나 이유는 간단했다. 그는 부하를 다스리는 데는 도가 통한 사람이었다.

정치인들이 조금씩 세상에 이름을 날리기 시작하거나 아니면 어떤 불미스러운 일로 유명해지기 시작하면, 신문이나 잡지들은 으레껏 그 이름 석 자 앞에 특별한 수식어들을 붙여 주곤 한다. 그런 경향은 특집 기사를 주로 다루는 월간지들을 보면 쉽게 찾아볼 수 있다.

이 같은 '별명' 붙이기는 비단 정치인에게만 국한된 것은 아니다. 잘나가는 연예인이나 운동선수들을 다룬 기사를 보면 언제나 '브라운관의 요정'이니, '그라운드의 해결사'니 하는 식의 표현이 등장하곤 한다.

　나 역시 잠깐 반짝했던 청문회 주가 때문에 몇 가지 수식어를 가진 정치인이 되었다. 가장 대표적인 것은 물론 '청문회 스타'이고 그 밖에도 '서민의 대변자'니 하는 등의 별명이 있다. 그런가 하면 두 번에 걸친 의원직 사퇴 때문에 생겨난 '3선급 의원'이라는 식의, 조금은 달갑지 않은 별명도 있다.

　아무튼 이런 별명들은 그 인물의 성격이나 역사를 짧은 한마디로 표현해 놓은 것인 만큼, 국민들에게 그 인물이 가진 이미지를 강력하게 전달해 준다는 장점을 지니고 있다. 그래서 그런지는 몰라도 정치인들은 유독 이 같은 수식어 사용을 즐기는 듯하다. 선거철만 되면 길거리에 나붙는 각 후보의 벽보들이 온통 이 같은 스타일의 표현들로 장식되고 있기 때문이다.

　'서울의 대변자', '부산의 자존심', '광주의 아들' 등 자신의 지역구와 자신의 이름을 연결시켜 유권자에게 어필하려는 구호는 실로 다양하다. 그런 문구가 사실을 정확히 대변해 주고 있는지는 논외로 치더라도, 어쨌든 그렇게 자신의 상징을 만들어 내려는 그 사람들의 노력만큼은 긍정적으로 보아줄 만하다고 생각한다.

　그런데 이러한 수식어들을 가장 많이 붙이고 다니는 정치인이 있다면 바로 YS일 것이다. 대표적인 것만 들어 보아도 '변신과 결단의 천재', '감의 정치인', '뛰어난 승부사' 등등이 있고, 또 3당 합당 당시에 재야 운동권에서 붙여 준, 본인은 별로 맘에 들어 하지 않을 별명들도 있다.

나 역시 YS를 한마디로 평가해 달라는 요청을 여러 차례 받았었다. 그 질문을 처음 받았을 당시에는 약간 망설이기도 했었지만, 이제는 내 나름대로 분명한 대답을 준비해 놓고 있다.

바로 '탁월한 정치인'이다. 언뜻 생각하면 뭐가 탁월하다는 건지 조금 애매모호한 표현 같기도 하지만, 그래도 나는 이 표현이 YS를 가장 잘 표현하는 수식어라고 생각한다.

물론 그 말은 훌륭한 정치 지도자라는 의미와는 다르다. 내가 말하는 '탁월한 정치인'이라는 말을 더 쉽게 표현하면 '뛰어난 두목'이라는 뜻이다. 그리고 그건 분명히 다른 사람에게서는 쉽게 찾아볼 수 없는 YS의 강점이다. 나는 그래서 지난 대선 당시, 일부 사람들이 YS를 가리켜 '아무런 능력도 없는 사람'이라고 하면서 아주 형편없는 사람으로 몰아붙이는 것에 대해서 찬성하지 않았다.

YS는 분명히 사람 장사에 관한 한 천재적인 자질을 갖고 있다. 부하 하나는 확실히 다스리고 또 다른 사람을 자신의 부하로 만드는 타고난 능력을 가지고 있다. 다만 내가 아쉽게 생각하는 것은 '조직의 뛰어난 보스'임에도 불구하고 '훌륭한 정치 지도자'라는 믿음까지는 주지 못하고 있다는 점이다.

그런데 따지고 보면 오늘날 우리의 정치판에서는 '훌륭한 정치 지도자'라는 믿음보다 '탁월한 조직의 보스'라는 게 더 중요한 것이 아닐까 하는 생각이 든다.

아무리 멋있게 생긴 고양이라 해도 쥐를 잡지 못하면 더 이상 고양이라 할 수 없듯이, 현실 정치에서 실제로 성공하기 위해서는 '훌륭한 정치 지도자의 자질'보다 '훌륭한 두목으로서의 자질'이 더 절실한 게 아닌가 하는 생각이 드는 것이다. 이상도 높고 합리적이며 많은 경륜과 통찰력을 겸비한 사람, 그리고 한 나라를 이끌고 나갈 지식과 지혜를 갖춘 사람, 그런 사람이라 해도 권력을 놓고 승부를 가르는 싸움판에서 이겨 낼 수 있는 두목다운 자질이 없다면 무슨 소용이 있을 것인가.

YS는 분명히 '훌륭한 두목', '탁월한 보스'이다. 그리고 어쩌면 바로 그런 자질 때문에 YS는 자신의 많은 결점과 부족함에도 불구하고, 지금 이 순간 한 나라를 통치하는 권력을 휘두르는 대권의 자리에 등극할 수 있었던 게 아닐까 싶다.

# 침묵으로 말하는 정치 9단

부산에서 학교를 다닐 무렵, YS는 나를 포함한 내 또래의 친구들에게 매우 특별한 존재로 받아들여지고 있었다. 20대에 국회의원이 된 사람, 단순한 선망의 대상이 아니라 무슨 전설이나 신화처럼 사람들의 입에 오르내리는 사람이었다.

그 후 조금 더 세상을 알게 되면서부터는 그런 이미지도 현실적인 것으로 변화되기 시작했다. '불의와 맞서 싸우는 우리의 투사'가 된 것이다. 그런 이미지 속에는 월드컵 축구에 참가한 우리 선수들을 향해 열심히 박수를 치는 국민들의 심정과 같은 것이 담겨 있었다.

아무튼 YS는 그 무렵 '김빵삼'이라는 애칭으로 불리면서 많은 부산 사람들로부터 큰 호감을 얻고 있었다. 그런 부산 사람들의 정서로 말하면 나도 더하면 더했지 덜하지는 않았다.

1979년의 일로 기억되는데, 친구의 권유로 '팔각회'라는 모임에 나간 적이 있었다. YS의 '민주 제단에 피를 뿌리겠다'는 발언이 적지 않은 파문을 일으키면서 장안의 화제가 되고 있을 때였다.

그 모임에서는 경찰서 정보과장이라는 사람을 강사로 초빙하여 이야기를 듣게 되었는데, 그 사람은 무슨 민방위 훈련이나 예비군 훈련을 하기라도 하듯이 한참 동안 남침 위기에 대해 지루하게 이야기를 늘어놓더니, "이런 시기에 민주 제단에 피를 뿌리겠다는, 이런 과격한 소리를 하는 사람이 있습니다. 어디에 피를 뿌리겠다는 겁니까. 이런 철부지가 정치 지도자가 되면 나라가 어떻게 되겠습니까?" 하면서 느닷없이 YS를 비난하기 시작했다.

나는 울화가 치밀어 당장 그 자리를 박차고 나오고 싶었지만 친구의 얼굴을 보아서 그렇게 할 수는 없었다. 그 대신 두 번 다시 그 모임에 나가지 않았다. 나의 '영웅', 아니 우리의 '영웅'인 YS가 매도당하는 것만큼은 도저히 그냥 지나칠 수 없었기 때문이었다.

그러나 그 '영웅'에 대한 열렬한 호감과 존경심은 한 순간에 와르르하고 무너지고 말았다. 1987년의 양 김 분열이 거의 결정적인 원인이었다.

사실대로 말하면 이미 그 이전에 재야 운동을 시작했을 때부터도 YS의 긍정적인 이미지에는 금이 가기 시작하고 있었다. 몇 가지 원인이 있었지만, DJ에 비해 보수적이라는 사실 등이 대표적인 이유였었다. 하지만 그것이 결정적인 영향을 미친 것은 아니었다. 어떤 명분을 내세우든 간에 1987년 당시 단일화를 이루어 내지 못했다는 사실이 나에게 실망을 준 가장 큰 원인이었다.

YS는 이미 우리들의 '일그러진 영웅'이 되어 있었던 것이다.

국회의원에 당선되면서 맺어진 나와 YS와의 인연은 그 후 3당합당이 될 때까지 2년여에 걸쳐 계속되었다. 평생을 그와 함께한 사람들에 비하면 짧은 인연이었으나, 기억에 남는 일들도 더러 있다.

YS는 사실 내가 교복 차림으로 학업에 전념(?)하고 있을 때부터 이미 중앙 정치 무대에서 화려한 경력을 쌓고 있던 사람이었다. 그런 만큼 YS는 여러 가지 면에서 나와는 비교될 수 없는 사람이었다.

그러나 YS가 노련한 조련사였다면 나는 길들여지지 않는 야생마였다고나 할까? 나는 눈치코치 살피지 않고 내키는 대로 거침없이 행동을 했고, YS는 그런 나를 때로는 근엄하게 때로는 부드럽게, 때로는 가까이에 때로는 멀리하면서 노련하게 다루었던 것 같으나, 아무튼 나 때문에 당황하고 속 썩는 일이 한두 번이 아니었던 것 같다.

당선되고 나서 얼마 되지 않았을 무렵이었다. 김정길 의원의 주도로 소장 의원들의 모임이 결성되었는데, 나도 거기에 참여했다. 김광일 의원이 모임의 간사였고 회원은 약 10여 명이었다. 이 모임은 그 후 민주·평민 양당의 통합을 적극적으로 추진하는 주체가 되었었다.

어느 날 이 모임은 시내의 한 음식점으로 YS를 초청하여 식사를 같이하게 되었다. 격의 없이 비교적 화기애애한 분위기 속에서 식사가 진행되던 도중, 우연히 지난 대통령 선거 이야기가 화제에 올랐다. 그때 갑자기 장석화 의원이 분위기를 흔들어 놓았다.

"그때 김 총재께서 양보하셨어야 합니다."

갑자기 좌중이 물을 끼얹은 것처럼 조용해졌다. YS의 얼굴은 하얗게 굳어지면서 일그러졌다. 그도 그럴 것이 당시 민주당의 당내 분위기는, 대선 당시에 DJ가 경선 원칙에 따랐어야 했으며 따라서 분당의 책임자 역시 DJ라는 인식이 지배적이었다.

사실이야 어쨌든 간에 그런 분위기 속에서 또 그것도 면전에서 노골적으로 대선 패배의 책임을 몰아붙였으니, YS의 표정이 일그러질 수밖에 없음은 당연한 일이었다.

나는 장석화 의원이 공연히 쓸데없는 소릴 해서 분위기를 깨는구나 생각하면서도, 한편으론 말이야 바른말이지 싶어 YS의 얼굴만 바라보았다. 분위기가 어색해지자 김광일 의원이 나섰다.

"장 의원, 그건 그런 게 아냐."

그리고 김 의원이 이어서 무슨 말인가를 하려는데, 내가 나도 모르게 나서고 말았다.

"아니, 말이야 장 의원 말이 옳지 않습니까? 사실은 사실대로 말해야죠."

지금 생각해 보면 정말 부질없는 객기였다. 사실이 어떻든 이미 그곳에서 따진다고 달라질 것은 아무것도 없었고, 바른 소리라 해도 쓸모없는 헛소리에 불과한 일이었다. 매사에 이런 식이었으니 정치 9단이라는 YS가 보기에는 얼마나 답답한 철부지들로만 보였을까.

청문회 당시부터 나는 상도동 측근들로부터 시샘을 받을 정도로 YS와 독대(단독 면담)하는 기회를 많이 가졌었다. 독대는 주로 아침 식사를 함께하며 이루어졌는데, 이때는 대개 봉투 하나씩을 주었다. 그러니 YS가 보자고 하는 날에는 은근히 기분이 좋았다. 그런데 그것도 내 고집 때문에 얼마 가지 못해서 끝이 나고 말았다.

영등포 을구 보궐선거가 끝난 다음의 어느 날이었다. '할 이야기가 있으니 아침 일찍 상도동 자택으로 들어오라'는 전갈을 받고 나는 서둘러 집을 나섰다. YS와 단둘이서 아침 식사를 하게 되었다. 할 이야기란 다름이 아니라 '소련에 보내 줄 테니 다른 말하지 말고 다녀오라'는 것이었다. 모두들 부러워할 만한 특별한 배려였다. 그러나 나는 또 엉뚱하게 나가고 말았다.

"총재님, 저는 야권통합 운동을 하는 사람입니다. 저는 야권통합만이 야당이 살아남을 수 있는 활로라고 생각하는 사람입니다. 그런데 사실 총재님은 야권통합을 반대하고 계시지 않습니까? 그렇게 총재님 뜻을 거스르고 있는 사람인데, 어떻게 계속 총재님 신세를 질 수 있겠습니까? 이제는 총재님 신세 지지 않겠습니다."

YS는 아무 말도 하지 않고 있더니 돈 봉투 하나를 나에게 내밀었다. 청문회 이후에 두 달에 한 번 정도로 받아 왔던 돈이었다.

따지고 보면 특별히 새로운 것도 아닌데 나는 한사코 그 돈을 안 받겠다고 우겼다.

"총재님이 통합하실 때까지는 그 돈을 받을 수 없습니다."

그러자 YS가 민망한 표정을 지으면서 말했다.

"그럼, 이번까지만 받아 두시오."

"아닙니다. 정말 못 받겠습니다. 제 양심이 허락하지 않습니다."

"어허, 이 사람. 하고 싶은 일은 하고 싶은 대로 하더라도 받을 것은 받아 둬."

그렇게 옥신각신을 하던 끝에 나는 결국 "다음부터는 정말 안 받겠습니다"는 말과 함께 그 돈 봉투를 받아 들고 나왔다.

당시 나는 야권통합이 되면 YS가 유리하면 유리했지 결코 불리하지 않다고 생각했다. 그리고 실제로도 그런 입장을 YS에게 여러 차례 이야기하기도 했었다.

그러나 당내의 분위기는 그렇지 않았다. 1988년만 해도 당무 회의를 하면 회의 시작 전에 노태우 정부를 비난하는 발언들을 한마디씩 하곤 했었는데, 1989년 들어서자 그 비난의 상대가 바뀌어 버렸다. 회의 참석자들이 한 사람씩 해장거리로 평민당을 비난하는 발언을 하면서 분위기를 잡은 다음, 정식 회의를 시작하는 경우가 많아졌던 것이다.

그랬던 만큼 YS는 야권통합 이야기만 나오면 항상 얼굴부터 찡그리기 일쑤였고 때로는 노골적으로 불만을 표시하기도 했었다. 최소한 대권 가도로 가는 자신의 프로그램에는 야권통합 같은 건 들어 있지 않은 듯했다. 나는 그 점이 몹시 못마땅했었다.

하지만 설사 그렇다 하더라도 단 두 사람만이 있는 자리에서까지 돈 봉투를 앞에 놓고 옥신각신하면서 사람을 민망하게 만들 필요까지 있었을까? 지금 와서 생각해 보면, 참으로 당시의 내 행동이 너무나도 순진하고 미숙하지 않았던가 싶다. 그때 YS는 내 행동을 보면서 무슨 생각을 했을까?

그런 일은 비단 그때뿐만이 아니었다.

일본 사회당에서 YS를 초청한 일이 있었는데, 이때 YS는 나를 불러 함께 가자고 했었다. 그때 나는 또 이렇게 말했다.

"총재님, 앞으로 정권이 교체되어 정말로 민주주의가 되면 전 진보 정당에 참여할 생각입니다. 그때가 되면 총재님하고도 갈라서야 할 판입니다. 그런데 지금부터 총재님을 졸졸 따라다니는 사진만 나오면 뒷날 제 입장이 무척 곤란해질 것 같습니다."

그냥 안 따라가면 그만인 것을, 뭘 그렇게 조목조목 이유를 대고 있었는지 내 자신이 지금 생각해도 우습기만 하다.

YS와 내가 의기투합(?)했던 적도 있었다. 노태우 대통령이 대통령 선거에서 약속했던 중간 평가를 하겠다고 했을 때의 일이다.

청문회가 진행되면서 야당이 집권당의 근본 문제까지 들고 나오면서 몰아붙이자, 노태우 대통령은 정면 대결로 나오면서 국면의 전환을 시도했다. 여당이 일방적으로 청문회 불참을 선언하여 청문회를 파장으로 몰고 가면서 승부수로 중간 평가를 들고 나온 것이다.

그러자 막상 난처해진 것은 야당이었다. 입으로는 중간 평가를 해야 한다고 했지만, 내심으로는 자신이 없었던 것이다. 당시 통일민주당 내에서도 중간 평가를 반대하는 분위기가 지배적이었다.

하지만 나는 중간 평가를 해야 한다고 고집하고 있었다. 나는 YS를 직접 찾아가 단도직입적으로 말했다.

"중간 평가는 해야 합니다. 우리가 이길 수 있습니다. 중간 평가에서 이기면 총재님과 김대중 씨가 표로 대결하면 됩니다. 그렇게 되면 사람들이 우려하는 것처럼 정국의 혼란 같은 건 생기지 않을 겁니다. 이런 식으로 논리를 풀어 가는 게 어떻습니까?"

YS는 나의 말을 듣고 나서는 아무런 대답도 하지 않은 채 고개만 끄덕였다.

그로부터 며칠이 지나도록 YS에게서는 이렇다 할 반응이 없었다. 나는 내 말이 먹혀들지 않은 것으로 보고, 공연히 나서서 부질없는 일을 했나 보다고 생각하고 있었다.

그러던 어느 날, 당무 회의가 열리기 직전이었다. 총재실에서 불러 급히 달려갔더니, YS는 회의실로 함께 가자고 하면서 조그마한 소리로 이렇게 말하는 것이었다.

"지난번에 노 의원이 나한테 했던 얘기 있지? 그걸 오늘 회의

석상에서 적극적으로 주장해 주게나."

내가 오해하고 있었던 YS의 침묵은 더 큰 차원에서 설득과 승리를 위한 하나의 전술이었던 것이다.

결국 중간 평가는 DJ의 반대로 물 건너가고 말았지만, 그 당시 내 눈에는 YS가 정말 멋진 사람으로 보였다. 결코 유리하지만은 않은 상황에서도 정면 돌파를 하려는 뱃심이 정말 마음에 들었다.

짧은 기간이나마 나는 그에게서 많은 것을 배웠다. 그리고 많은 점에서 아직도 그를 존경한다.

물론 그렇다고 3당합당 이후, 내가 YS에게 내린 변절자, 역사의식이 없는 사람, 철학이 없는 사람이라는 평가는 조금도 달라질 수 없지만……

얼마 전 나는 내가 『조선일보』를 상대로 소송을 제기했다는 말을 들은 YS가 "노 의원 그 사람은 무슨 정치를 그렇게 하지?"라고 말하더라는 이야기를 들었다. 만일 그 자리에 내가 있었더라면 아마 나는 이렇게 말했을지 모른다.

"그것이 김 대표(당시 YS의 직위)님과 제가 다른 점일 겁니다."

# 빌린 머리와 돈 봉투

"머리는 빌릴 수 있어도 건강은 빌릴 수 없다."

　　YS의 이 말은 액면 그대로 해석하면 건강을 중요시하는 말처럼 들린다. 하루도 거르지 않는 아침 조깅으로 단련된 건강에 대한 자신감의 표현으로 볼 수도 있을 것이다.

　　"건강은 빌릴 수 없지만, 머리는 빌릴 수 있다."

　　그런데 이렇게 말의 순서를 앞뒤로 바꿔 놓으면, YS의 사람 관리능력과 용병술에 대한 자신감으로 들릴 수도 있을 것이다.

　　YS의 사람 챙기기, 그리고 인맥 관리능력은 정말 출중하다고들 한다. 내 스스로도 YS를 '뛰어난 보스'로 평가하는 데는 전혀 주저하지 않는다.

　　그런데 무엇이 그에게 그런 능력을 가지게 했을까? 그가 가진 비결은 무엇일까? 타고난 인품, 오랜 경험과 경륜, 그를 떠나서는 살아남을 수 없다고 생각하는 열렬한 지지자들……. 아마도 그런 것들일 것이다. 그런데 그런 것들 말고 별로 마땅치 않은 무기도 사용했던 것 같다.

　　청문회가 끝난 다음 수유리 아카데미하우스에서 통일민주당의 국회의원 연수가 열린 적이 있었다. 당시 나는 현대중공업 사건과 관련된 파문과 잡음 때문에 입장을 제대로 정리하지 못한 채 여러 가지로 흔들리고 있던 때였다.

　　나로서는 2박 3일이나 여러 사람들이 있는 곳에서 함께 지낸다는 게 두렵고도 귀찮은 일이었다. 결국 나는 개소식에조차 참석하지 않고는 자리를 빠져나와 설악산 쪽으로 발길을 돌렸다.

나의 연수 이탈은 곧바로 문제를 야기했고, YS는 즉시 사람을 보내어 나를 데리고 오도록 지시했다. 당시 신문 방송에서는, 내가 언젠가는 진보 정당을 하고 싶다고 한 말을 앞질러서 당장 민중당에 갈 것처럼 보도를 하고 있을 때였다. 분위기가 그랬던 만큼, 나의 행동은 나 한 사람의 잠적으로 끝나는 문제가 아니라 YS의 지도력에도 적지 않은 흠집을 내는 일이었다.

최형우 의원과 이인제 의원이 직접 강원도의 호텔과 콘도를 하나하나 전화로 체크한 끝에 나를 찾아내었다. 나는 더 이상 어쩔 수도 없어서 두 사람이 요구하는 대로 순순히 서울로 따라 올라와 YS를 만나게 되었다. YS의 말은 간단했다.

"지금 여러 가지로 상황이 복잡한데, 당이 흔들리는 모습을 보여서는 곤란하니 심란하더라도 연수를 계속 받게."

그러고는 "요즘 어렵지? 마음도 심란할 텐데 연수 마치거든 휴가나 다녀오게" 하면서 나를 향해 불쑥 무언가를 내밀었다. 바로 돈 봉투였다.

내가 YS로부터 받은 돈 봉투는 수도 없이 많다. 2~3개월마다 정기적으로 받는 것 이외에도 이런저런 일이 있을 때면 가끔씩 돈을 얻어 썼다. 그런데 YS는 돈 봉투를 주면서 이런저런 주문을 한 적은 없었다. 그러나 그것은 아마도 상당한 힘을 발휘하였을 것이다. 3당합당 당시 처음에는 많은 사람들이 펄쩍 뛰었다. 한참 후까지 오락가락한 사람도 많았다. 그러나 일단 YS를 만났다는 소문이 들리고 나면 그다음부터는 연락이 끊어졌다.

그러나 이제 세상이 변하여 YS 스스로 정치자금에 철퇴를 내리겠다고 공언하고 나섰다. 하기는 이제 그는 돈 봉투가 필요 없어졌는지도 모른다. 대신 그보다 막강한 권력이 있으니……

어떻든 YS가 권력을 잡은 지 2년이 가까워지는 지금, 그의 뛰어난 용병 능력을 자랑하는 듯한 '머리 빌리기'는 별로 성공적인 것 같지 않다. 그런데도 이 말이 마치 무슨 명언이라도 되는 것처럼 국민들 사이에 퍼져 나갔던 것을 생각해 보면 참으로 놀랍다. 그만큼 우리의 정치가 비정상적인 상태임을 뜻하고 있는 것일까?

사실 지난 14대 대통령 선거 당시 YS 진영에서 이 말을 지어 낸 것은 단지 YS의 머리 부족을 방어하기 위한 목적뿐만이 아니라, DJ의 다리가 불편함을 은근히 공격하는 천박한 전략도 숨어 있었던 것이 아닌가 생각하면 참으로 치사한 일이라는 생각도 든다.

아무튼 머리는 빌려서 되는 것이 아니다. 머리는 빌릴 수 있다는 말은 잘못된 것이다.

적어도 '머리'라고 하면 세계관과 철학, 그리고 지식을 의미하는 것이 아닐까? 그중에서도 지식은 언제 어디에서나 다른 사람으로부터 빌릴 수 있는 것이다. 하지만 철학은 그렇지 않다. 철학은 남에게 빌릴 수 있는 물건이 아니다.

특히 남보다 앞서 생각하고 남을 다스려야 할 입장에 있는 지도자라면, 상당히 '체계화된 철학'을 가지고 있어야 한다. 그리고 그 정도의 철학을 갖추려면 이미 정치, 경제, 사회, 문화, 과학 등 다방면에 걸쳐 상당한 지식을 가지고 있어야만 한다. '철학'이 없는 정치인은 '두목'이라는 말은 들을 수 있어도 '지도자'라는 이름을 붙일 수는 없다.

　그리고 정치, 경제에 관해서 지식을 빌리는 경우에도 지도자
는 무엇을 빌려야 하는 것인지, 또 누구한테 빌려야 할지, 그런 것
을 판단할 줄 아는 철학을 가지고 있어야 한다. 다시 말하면 농부
가 밭을 갈러 가는데 호미를 빌려야 하는지, 괭이를 빌려야 하는
지 정도는 알아야 한다는 것이다.

나는 훌륭한 정치 지도자의 3대 요건으로 '권력 장악 능력', '살림
살이 솜씨' 그리고 '역사의식'을 꼽는다. 그러면 이 기준으로 볼
때, YS는 어느 정도 점수를 받을 수 있을까.

　먼저 YS는 '권력 장악 능력'이라는 측면에서는 탁월한 능력을
과시했다. 그것도 '3당합당'이라는 완전히 새로운 신무기를 개발
하여 집권에 성공했다. 박정희 대통령이나 전두환 대통령처럼 총
을 들고 나온 것도 아니고, 또 자기 스스로 주장해 왔듯이 국민의
지지로 정권을 잡은 것도 아니었다. 물론 선거를 거치긴 했지만,
그것은 '3당합당'에 비하면 오히려 결정적인 과정이 아니었다고
말할 수 있다. 가히 독창적이라 할 수 있는, 권력 장악 과정이었다.

　그 과정에서는 많은 무리도 있었고 또 적지 않은 억지도 있
었다. 한마디로 숱한 우여곡절의 연속이었다. 하지만 어쨌든 YS
는 숨 막히는 권력 싸움에서 승리했고 대권 장악에 성공했다.

　그럼에도 나는 그를 지도자로 부르는 데 아직 동의를 할 수
없다. 그로 말미암아 청산해야 할 이 땅의 기회주의가 다시 때를
만났기 때문이다. 역사를 생각하는 사람이라면, 즉 역사의식을
가진 사람이라면 할 수 없는 일을 한 것이다.

YS가 3당합당으로 권력을 잡기 전만 해도 이 땅에서는 기회주의자들이 차지할 수 있는 장물의 수준은 한정되어 있었다. 고작해야 권력에 빌붙어 먹고사는 정도의 수준에 불과했다. 그러나 YS의 대권 장악과 함께 기회주의자들의 입지에는 커다란 변화가 생겨났다. 기회주의자들의 성공이 최고 권력의 차원으로까지 올라갔기 때문이다. 그런 의미에서 YS의 대권 장악은 기회주의자들에게는 하나의 신선한 모델이 되고도 남음이 있었을 것이다.

다시 말해서 부스러기나 먹는 기회주의가 아니라 통째로 먹는 기회주의, 즉 기회주의의 극치가 실현된 것이다. 이제 우리는 자라나는 아이들에게 무엇이 옳은 것이라고 가르쳐야 할 것인가. 정의니 가치니 하는 말들은 이제 국민의 냉소거리에 지나지 않고, 소신과 지조를 얘기하던 사람들에게는 무력한 허탈감만이 남아 있게 되었다.

제대로 되어 가는 역사라면, 어떻게 JP가 집권당의 대표로 계속 텔레비전에 나올 수가 있고, 12·12쿠데타의 주범들이 계속 국회의사당에 버티고 있을 수 있겠는가.

그리고 차세대 전투기 사건, 상무대 비리 사건, YS의 아들 현철 씨가 관련된 한약업자 로비 사건 등 이 모든 권력형 비리가 밝혀지지 않고 있겠는기?

아무튼 지금 역사의 시계는 거꾸로 돌고 있다.

그나마 YS의 살림살이 솜씨라도 좋아야 할 텐데…….

# YS의 트로이 목마

3당합당 당시 YS는 나를 부르지 않았다. YS는 당시 흔들리는 사람들을 한 사람씩 불러서 소위 '각개 격파'라는 것을 해냈다. 그런데 김정길 의원과 나에게만은 그 각개 격파를 시도조차 하지 않았다.

아예 설득이 불가능하다고 판단했던 것일까? 나는 지금까지도 그렇게 생각하고 있다. 그러나 한편으로는 아예 쓸모없는 물건이라 버린 것이 아닐까 생각하면 씁쓸해지기도 한다.

그런데 그때 만일 YS가 나를 불러 설득을 하려 했다면 어떤 대화가 오고 갔을까?

"노 의원, 이대로는 안 된다. 그동안 안 해 봤나? 4당 체제, 이것 갖고는 아무것도 안 된다. 이대로 가면 나라가 망한다. 지금이 가장 중요한 시기다. 같이 한번 해 보자."

"그러면 그동안 국민들과 한 약속은 어찌 됩니까? 그리고 반란의 책임자들에 대한 역사의 심판은 어찌 됩니까?"

"세상이 달라졌다. 이제는 민주, 반민주, 독재, 반독재 하던 시대는 끝났다. 이제 새로운 사고를 해야 한다."

"그러면 야당은 어찌 됩니까? 야당 없는 민주주의가 어디 있습니까?"

"야당이야 평민당 안 있나?"

"그거야 호남당 아닙니까? 영남에도 야당이 있어야지요. 그리고 지역감정 때문에 이 꼴이 되었는데 여당 야당이 동서로 갈라져서야 나라가 어찌 되겠습니까?"

물론 이렇게 주거니 받거니 할 분위기는 아니었을 것이다. 오히려 YS는 여러 말 안 하고 내 두 손을 꼭 잡으며 "노 의원, 나도 생각이 있어. 복잡하게 생각하지 말고 나를 좀 도와줘" 했을 터이고, 나는 "총재님, 뜻을 받들어 드리지 못해 죄송합니다. 저는 정치 그만두겠습니다" 이렇게 되었을지 모른다. 그리고 봉투 하나를 놓고 받아라 안 받는다 실랑이를 벌였을지도 모른다.

만일 주거니 받거니 대화가 계속되었다면 YS의 마지막 말은 무엇이었을까?

"노 의원, 아직 정치를 몰라. 정치란 노 의원이 알고 있듯이 그렇게 간단한 것이 아니야. 먼 훗날 정치를 더 알고 나면 나를 이해하게 될 거야."

이렇게 말하지 않았을까?

어쨌든 나와 YS는 갈라섰다. 그 이후 나는 변함없이 YS를 변절자라고 비난하고 다녔다. 그러고도 모자라서 "YS가 민자당 후보가 되면 내 손바닥에 장을 지지겠다"고 막말도 했다. 그 말은 내 나름대로 상식과 과학적인 추리를 거쳐 얻은 결론이지만, 배가 아파서 했던 말인 것도 사실이다. 그러나 그는 끝내 대통령이 되었다.

호랑이를 잡으려면 호랑이 굴로 들어가야 한다거나, 트로이의 목마라는 이야기도 설득력을 얻게 되었다.

그러나 나는 그렇게 생각하지 않는다. 호랑이 잡겠다고 큰소리쳐 놓고는, 오히려 호랑이의 양자가 되어 호랑이 굴을 상속 받아 여전히 동네의 약한 사람들을 괴롭히고 있다는 생각이다.

이제 YS를 만나면 해 주고 싶은 이야기가 있다.

"총재님, 이제라도 민자당을 탈당하십시오. 호랑이를 잡았으면 이제 호랑이 굴을 파헤쳐 버려야지요. 왜 옛날 호랑이 새끼들과 동거하고 있습니까?"

그의 3당합당이 '변절'이 아니라 '전략'이 되려면, 그래서 트로이의 목마라고 할 수 있으려면 지금이라도 민자당을 해체해야 한다.

그리고 옛날 호랑이가 써먹던 국가보안법, 안기부, 용공 조작, 공권력 투입, 이런 못된 발톱은 사용하지 말아야 한다.

# 참으로 아까운, 그래서 더욱 아쉬운

"잘했어요. 정말 잘했어요."

　　청문회가 한창 진행 중일 당시에 우연히 국회 본청의 의원식당에서 만난 DJ가 나에게 악수를 청하면서 건넨 말이었다. 항상 멀리서만 보아 왔던 DJ를 처음으로 대면하는 순간이었다.

　　당시 DJ는 제1야당인 평민당의 총재였던 만큼 나와는 당도 달랐고 YS와는 사사건건 신경전을 벌이고 있었다. 게다가 평민당은 제1야당이라는 이름이 무색하게도 청문회 활동이 부진했었고, 이 때문에 급기야는 특위 위원들이 전면 교체되는 등, 총선 이후 가장 어려운 지경에 처해 있었다.

　　그런 상황이었던 만큼 나는, 나를 보자마자 선뜻 '잘했다'는 말과 함께 악수를 청해 온 DJ를 보면서, '저 말이 진심일까?' 하는 의구심을 떨칠 수 없었다. 그러나 어쨌든 당시 DJ의 표정은 정말로 후배를 격려하는 어른의 자상한 모습 그대로였었고, 그런 칭찬을 받은 나는 기분이 좋았다. 어깨가 으쓱했었다.

DJ와의 첫 인연은 그렇게 시작되었지만, 사실 나에게 있어 DJ는 훗날 야권통합이 되어 직접 당을 함께하기 전까지는 그냥 멀리서만 지켜보는 사람에 지나지 않았다. 국회의원이 되기 전까지는 책이나 신문을 통해서는 많이 보았어도 직접 얼굴을 마주 보았던 적은 없었다.

DJ의 얼굴을 멀리서나마 직접 보게 된 것은 국회의원에 당선되고 나서 첫 13대 국회가 열렸을 때의 일이다. 4당의 대표가 개원 국회에서 대표 연설을 할 때였다. 나는 소문으로만 듣던 DJ의 연설을 처음으로 들을 수 있었다.

DJ와 YS의 대표 연설이 끝나고 난 다음 동료 의원들과 함께 휴게실에 앉아 누가 연설을 잘했는지에 대해 이야기를 나누게 되었다. 대부분 아니 모든 동료 의원들이 DJ의 연설 솜씨가 YS보다 월등히 뛰어났다는 데에 동의했다.

YS는 이미 누군가가 정제된 표현으로 작성해 준 원고를 읽는 데 그쳤지만, DJ는 원고에 구애 받지 않고 보다 설득력 있는 표현으로 고저장단을 맞추어 연설을 했었던 것으로 기억된다. '촌철살인'이라고까지는 할 수 없지만, 어쨌든 그에 가까운 명연설이었다.

그런데 잠시 후 국회의 통일민주당 총무실에서 YS까지 참석한 가운데 다시 한 번 두 사람의 연설 이야기가 나왔다. 그런데 이번에는 마치 경쟁이라도 하듯이 YS의 연설이 DJ보다 훨씬 좋았다는 말들을 하는 것을 보고 왜들 저럴까 하는 생각이 들었다. 하기는 그 당시 나는 정치판에 들어온 지 얼마 안 되는 촌놈이었으니까…….

DJ와 정식으로 이야기할 수 있는 기회를 갖게 된 것은 그로부터 또다시 상당한 시간이 지난 뒤의 일이었다. 바로 1991년 가을, 신민당과 구 민주당의 통합이 성사될 무렵의 일이었다.

신민당은 평민당이 1991년 초에 일부의 재야인사들을 영입

하면서 새롭게 쓰기 시작한 당명이었고, 민주당은 3당합당 당시 야당에 잔류한 구 통일민주당과 일부 무소속 의원들이 모여 만들었던 당이었다.

당시 야권통합 분위기가 무르익게 된 것은 그해 상반기에 있었던 지방의원 선거에서 민주당은 참패를 했고 신민당 또한 지역성의 한계를 다시 한 번 확인하게 되었기 때문이다. 어쨌든 이대로는 안 되겠다는 공감대가 형성되었던 것이다.

문제는 과연 DJ의 의중이 무엇이냐, 과연 흡수 통합이 아닌 당 대 당으로 통합할 의사가 있는 것이냐 하는 데에 집중되었다. 통합의 상대인 민주당을 대표하여 나는 김정길, 이철 의원과 함께 DJ를 직접 만나 이야기를 들어 보기로 했다.

DJ와의 만남은 그의 큰아들인 김홍일 씨가 사는 반포의 집에서 이루어졌다. 가까이서 처음 이야기하는 것이어서 그런지 몰라도 선입견과는 달리, DJ는 상당히 자상했고 남의 얘기도 많이 들어주는 편이었다.

그래도 DJ는 사람들의 말을 많이 가로막는 편이었다. 또 입장이나 의견이 다른 경우에는 반드시 자신의 의견을 밝히면서 상대방을 설득하려 했다. 하나라도 그냥 지나치는 법이 없었다. 무엇에 관해서든 입장이나 의견을 말로써 분명히 밝혀 두려는 태도를 가지고 있었다. 분명해서 좋긴 좋은데 너무 여지가 없고 빡빡하다는 느낌이 들기도 했다.

사실 나 역시도 그런 태도로 말할 것 같으면 결코 뒤지지 않는 사람이다. 하지만 그런 버릇이 대인 관계에는 별로 도움이 되지 않는다는 점 역시 내가 누구보다도 잘 알고 있다. 그래서 고치려고 무던히도 노력해 보았지만, 또 그것만큼 뜻대로 잘되지 않는 일도 없다.

직접 만나 보기 전까지 워낙 '아주 권위적이고 독선적인 사람'이라는 소문을 많이 들어 왔던 나로서는, 어떻든 그 만남에서 DJ에 대한 인식이 달라지기 시작했다.

그 후 야권통합이 되어 본격적으로 당을 같이하게 되면서 매일매일 접해 나가자 그때부터는 그런 느낌도 '훨씬 더 부드럽고 합리적인 사람'이라는 식으로 변해 가게 되었다. 만날수록 인상도 좋아졌고 호감도 갖게 되었다.

대통령 선거 당시 DJ의 홍보팀은 '알고 보면 부드러운 남자'라는 말을 퍼뜨렸다. 선전을 위해 만들어 낸 말이고 보면 꾸며 낸 말로 생각하기 쉬울 것이다. 그러나 내가 본 DJ는 실제로 부드러운 사람이었다.

YS와 마찬가지로 DJ를 한마디로 표현해 보라고 하면 나는 '참으로 아까운 분'이라고 말하고 싶다. DJ야말로 내가 말한 지도자의 3대 요건을 굳이 따질 필요가 없는 사람이다. '권력 장악 능력', '살림살이 솜씨', '역사의식'을 두루 갖추었기 때문이다. 다만 DJ에게는 운이 따르지 않았다.

내가 본 DJ는 끊임없이 성장하는 사람이었다. 끊임없이 배우고 노력하며 공부하는 사람, 그래서 발전에 발전을 거듭하는 사람이었다. DJ에게는 모든 문제들을 항상 미리 앞서서 깊이 생각해 두는 좋은 습관이 있었다. 정말로 삶을 열심히 사는 사람을 손

꼽으라면 나는 DJ를 주저하지 않고 추천할 것이다.

그리고 DJ는 결코 포기가 없는, 또 결코 좌절하지 않는 강한 집념의 소유자이기도 하다. 더욱 놀라운 것은 고령임에도 불구하고 상황을 분석하고 규정하면서 가장 적당한 용어와 문장을 찾고 개발해 내는 능력을 가지고 있다는 점이다.

내가 대변인을 하고 있을 당시, 성명이나 논평을 내야 하는데 상황이 애매하여 어떻게 해야 할지 고심이 될 때에는 DJ를 찾아가면 해결이 되었다. DJ가 즉석에서 이야기하는 것을 받아적기만 하면 그대로 정리된 성명서가 될 정도였다.

이렇게 강점을 갖고 있긴 하지만 DJ에게도 약점이 없는 건 아니다. 가장 큰 허점은 허점이 너무 없다는 점이다. 이건 말장난이 아니다. 논리적으로 너무 완벽하고 또 그 완벽성에 대해 너무 자부심과 확신이 강해 다른 사람들에게 끼어들 여지를 주지 않는다. 게다가 논쟁을 하면 항상 이겨 버리니까 대부분의 사람들은 말을 꺼내기를 어려워한다. 그러니 남의 머리를 빌리기가 어렵지 않을까 싶다.

그럼에도 지난번 대통령 선거에서 그가 떨어진 것은 정말 아쉬운 일이다. 특히나 YS가 남북 문제, 북한 핵 문제, UR 문제 등을 놓고 죽을 쑤고 판을 망치는 모습을 보고 있노라면 새삼 아쉬운 마음이 든다.

내가 DJ에게서 특별히 감동을 받았던 일이 한 가지 있다. 1992년 대통령 선거 당시 민주당이 선거 전략의 일환으로 국민연합과의 정책 연합을 표방했었을 때의 일이다.

　　사실 이 전략은 심사숙고 끝에 택한 전략이긴 했지만, 여러 가지 분위기와 상황을 고려하여 이해득실을 따져 보면 민주당으로서는 상당히 불리한 것이었다. 나 자신도 그런 이유에서 별로 탐탁지 않게 생각하고 있었다.

　　그러나 어쨌든 정책 연합은 이루어졌다. 그러자 이때를 기다렸다는 듯이 인공기 위에다 DJ의 얼굴을 그려 넣은 그림이 나돌았고, 여당은 북한 방송을 인용하면서까지 민주당을 좌경 용공으로 몰아붙이기 시작했다.

　　민주당의 모든 사람들은 갑작스러운 사태에 당황하기 시작했다. 안 그래도 힘겨운 선거전에 치명적인 악재가 등장한 것이었다. 대부분의 간부들은 변명으로 꽁무니를 뺐고, 서로 네 탓이라며 당내 갈등까지 생겼다.

　　그런데 막상 당사자인 DJ의 반응은 달랐다. 그는 단호하고 명쾌하게 상황을 정리했다.

　　"왜들 변명하려 하십니까? 그 사람들 말이 옳으니까 정책 연합한 게 아니었습니까? 선거전이 불리해진다고 해서 우리가 옳다고 주장했던 것까지 뒤덮어야 합니까? 우리에게 불리한 건 불리한 거지만 또 옳은 건 옳은 게 아닙니까? 당당하게 나갑시다."

　　내가 만난 정치인들 중에서 DJ만큼 단호하게, 여론의 눈치를 보지 않고 노동자 등 서민에 대한 정책을 강력히 옹호하고 피력하는 사람은 없었다. 여론이 아무리 불리해도 어물쩍 물러서는 일은 없었다. 그건 반대로 운동권이나 노동자들을 나무랄 때도 마찬가지였다.

　　나는 DJ의 그런 태도가 단순한 고집이 아니라, 힘없고 약한 사람들에 대한 뜨거운 애정에서 우러나온 것이라고 생각한다. 그리고 그 애정이 그의 철학으로 가다듬어진 것이 아닐까?

나는 YS를 '탁월한 정치인'으로 평가하면서도 그를 '지도자'로 인정한 일은 없다. 그러나 DJ에 대해서는 '지도자'로 이름 붙이는 데 주저하지 않는다. 오래전에 역사의 인물이 된 김구 선생을 제외하고는 역대 대통령이나 현존하는 정치인 중에서 내 마음속으로 지도자로 생각해 본 사람이 없고 보면, 나로서는 그분을 특별히 존경하는 셈이다.

　그러나 가끔 집회 등에서 정치인들이 그분을 '민족의 위대한 지도자'로 치켜세울 때면 오히려 거부감을 느끼곤 한다. 그것은 1987년 12월 대통령 선거에서 끝내 사퇴하지 않은 데 대한 실망, 그리고 1989년에 중간 평가를 무산시킨 데 대한 불만 때문이다. 그래서 나는 구 민주당 때는 물론이고 통합 이후에도 곧잘 DJ를 비판하곤 하다가 여러 차례 곤욕을 치르기도 했다.

# 큰 수레와 사마귀

제(齊)나라의 장공(莊公)이 사냥을 나갔을 때, 한 마리의 벌레가 다리를 쳐들고는 수레의 바퀴를 향해서 왔다. 장공이 마부에게 "저게 무슨 벌레냐?" 하고 묻자, 마부가 이렇게 대답했다.

"저놈은 사마귀라는 이름의 벌레이옵니다. 저놈은 앞으로 나아갈 줄만 알았지 뒤로 물러설 줄을 모릅니다. 제 힘은 생각지도 않고 적을 가볍게 여기는 놈입니다."

그러자 장공은 이렇게 말했다.

"이 벌레가 만일 사람이라면, 반드시 천하에서 날랜 사나이가 될 것이다."

그러고는 수레를 돌려 그 벌레를 피해서 가도록 했다.

이는 '당랑거철'(螳螂拒轍)이란 고사성어의 유래이다. 말 그대로 해석하면 당랑 즉 사마귀가 수레바퀴를 막는다는 뜻으로, 흔히 제 분수도 모르고 강자에게 반항하는 것을 빗댈 때 자주 쓰이는 말이다.

갑자기 이 이야기를 하는 것은 내가 DJ와의 인연을 생각할 때마다 이 '당랑거철'이라는 말이 떠오르기 때문이다.

DJ와 인연을 맺게 된 이후 많은 일들이 있었지만, 대체적으로 그분은 나를 인정해 주었고, 나는 그분을 통해 많은 것을 배웠다. 그러나 많은 경우에 DJ에게 시비를 따지고 정면으로 대들기도 했다. 생각해 보면, 나는 YS뿐만 아니라 DJ에게도 역시 껄끄럽고 거북한, 다루기 힘든 존재가 아니었던가 싶다.

1988년 하반기부터 나를 비롯한 소장 의원들이 중심이 되어 본격적으로 추진했던 야권통합 운동 역시 양 김씨에게는 무척이나 거북살스러운 일이었을 것이다. 당시 양 김씨의 입장에서 보면 야권통합이라는 문제는 자신들의 대권 행보에 있어서 하나의 아킬레스건과도 같은 것이었기 때문이다.

또 1990년의 작은 민주당 시절에는 수시로 '양김 퇴진론' 아니면 '1노 3김 청산론'을 들고 나왔었으니, 그걸 바라보는 DJ의 시선이 고왔을 리가 없다.

그러나 그때는 당을 달리할 때였으니 그렇다 치더라도, 통합을 하고 나서도 나는 여러 차례 DJ와 부딪쳤다.

숱한 우여곡절 끝에 마침내 야권통합이 성사되었을 때의 일이다. 양당은 당 대 당으로 통합한다는 원칙에 합의하여 그 사실을 언론에 발표했다. 이제 실무 회의에서 정강 정책과 당헌을 합의한 후 양당 수임기구 합동회의에서 통합 선언을 하는 일만이 남아 있었다. 이때 나는 장기욱 의원과 함께 민주당 측 당헌 기초 실무 대표로 통합 당헌의 기초 작업에 참여했다.

그런데 여기에서 문제가 생겼다. 집단지도체제로 이미 합의는 되어 있었지만, 신민당 측은 가급적 DJ의 권한을 강화하려고 하였고, 민주당 측은 가급적 최고위원의 권한을 강화하여 DJ의 독주를 견제하려고 했다. 이러한 입장은 주요 당직에 대한 임명권 행사와 주요 정책의 결정에 관한 최고회의의 권한 문제에 가서 첨예하게 부닥쳤다. 특히 인사권에 관해, 신민당 측은 공동대표에게 권한을 집중시키려 했고, 우리는 최고회의의 의결을 거치게 함으로써 권한을 분산시키려 했다.

마지막 날 새벽이 될 때까지도 이 문제는 타결이 되지 않았다. 당장 아침 8시면 수임기구 합동회의를 열어 통합을 위한 마지막 절차를 완료해야 함에도 불구하고 양측의 주장은 팽팽한 평행선을 그리며 접근할 줄을 몰랐다. 더욱 난감했던 일은 이기택 대표가 민주당의 총재로서 새로운 통합 당의 공동대표가 될 예정이기 때문이었는지는 몰라도 공동대표에게 권한이 집중되는 것을 은근히 바라고 있는 눈치였다. 그래도 나는 집단지도체제의 원칙을 내세워 주장을 굽히지 않았다. 장기욱 의원도 시종 나와 뜻을 같이해 주었다.

결국 아침 7시 DJ와 이기택 대표가 회동한 자리로 찾아가서 당헌 합의의 실패를 보고하고, DJ에게 이렇게 되면 통합은 결렬될 수밖에 없다고 배짱을 내밀었다. 그게 그렇게 중요하냐는 DJ의 물음에 "대통령 선거를 하시고 싶으면 우리 주장을 받아들이셔야 합니다" 하고 내질렀다. 결국 나의 주장은 관철되었다.

당시의 담판 과정에서 DJ가 나를 보면서 지었던 표정은 지금도 기억에 생생하다. 한마디로 어이없는 표정, 그야말로 기가 막히다는 표정이었다. 아마도 그때까지도 수하 정치인이 그렇게 당돌하게 달려드는 일은 없었던 모양이었다.

DJ에 대한 나의 두 번째 '당랑거철'은 14대 총선의 후보를 공천할 당시의 일이었다.

대통령 선거를 9개월 앞두고 치러지는 선거라 상당히 중요한 의미를 지닌 선거였다. 공천자 선정을 위해 구성된 조직강화 특별위원회가 공천자 명단을 확정한 다음, 최종 확정을 위해 공동대표 두 분에게 넘겼다. 그런데 두 분이 이해찬 의원을 공천자 명단에서 빼 버린 것이었다. 최고회의는 이미 공천에 대한 권한 일체를 두 분에게 위임하였으므로, 두 분이 결정만 하면 그대로 공천이 확정될 판이었다.

일은 두 분이 최종 공천 결과를 최고회의에 보고하는 자리에서 벌어졌다. 나는 대변인 자격으로 최고위원 회의에 배석하고 있었을 뿐, 원칙적으로 발언할 자격이 없었다. 그러나 이것저것 가릴 형편이 아니었다.

"조강특위에서 이해찬 의원에게 공천을 주기로 확정했는데, 왜 최고위원회에서 갑자기 바꾸는 겁니까?" 하고 나는 따져 들었다.

나는 이렇게 항의하면서 당의 공천 과정을 대외적으로 공개하여 국민의 심판을 받자고 제의했다. 그러나 최고위원들은 묵묵부답이었다. 꿀 먹은 벙어리였다. DJ와 이기택 대표 역시 굳게 닫힌 입을 열려고 하지 않았다. 조용한 좌중을 향해 내 목소리는 점점 더 커져 갔다.

"최고위원님들, 뭐가 무서워서 입을 다물고 있습니까? 김 대표님 당권이 가면 얼마나 가겠습니까? 길어야 1년 아닙니까?"

나는 말을 내뱉자마자 '아차' 싶었다. 나의 말은 DJ가 9개월 앞으로 다가온 대선에서 패배할 것이라는 전제를 깔고 있었기 때문이다. 하지만 이미 내던진 말을 주워 담을 수는 없는 노릇이었다. 당시 나는 이해찬 의원이 공천에서 탈락할 경우 탈당하겠다는 의사를 밝힌 바 있었는데, 그 자리에서 다시 탈당하겠다고 으름장을 놓았다.

그러나 DJ는 끝까지 침묵을 지키는 방법으로 나의 무례한 예봉을 피해 비켜 갔다. 수레바퀴 앞으로 다가온 사마귀의 무모함을 비켜 가는 장공의 지혜였을까.

결국 이해찬 의원은 공천이 되었고, 선거에서 당선이 되었다. 당시 나는 이해찬 의원의 복당이 가능하도록 하기 위해 당헌 기초 과정에서도 탈당한 당원의 복당 규정을 놓고 피나는 싸움을 벌였었다. 이해찬 의원의 탈당이 그의 책임만은 아니라는 생각도 있었지만, 우선 이해찬 의원이 정말 아까운 사람이고 DJ로서는 자기를 비난하고 거역한 사람들을 끌어안는 포용성을 보여야 대통령 선거에서 유리할 것이라고 보았기 때문이었다.

아무튼 나는 '탈당'을 무기로 DJ에게 맞섰다. 내 딴에는 대통령 선거를 앞두고 있는 DJ의 어려운 입장을 십분 활용한 것인데, DJ에게는 참을 수 없는 수모였을 것이다.

나의 세 번째 '당랑거철'은 14대 총선 직후의 일이었다.

당시 나는 선거에서 낙선을 한 후 패배의 충격을 마저 정리하지 못한 채 부산 현지에서 선거 뒤처리를 하고 있는데, 뜻밖의 기사를 신문지상을 통해 접하게 되었다. DJ의 측근들에 의해 의도적으로 흘러나온 것 같은 기사였다. '후보와 당권이 분리되면 대통령 선거를 치를 수 없다'는 내용이었다.

나는 발끈했다. 합당 당시의 합의가 공동대표제는 총선까지만 유지하고 총선이 끝나면 단독 대표로 바뀌게 되어 있었는데,

이 합의를 깨자는 뜻이었기 때문이었다.

　나는 곧바로 서울로 올라와 이기택 단독 대표 옹립 운동을 벌였다. 그러나 그 일은 이 대표 스스로 공동대표를 선택해 버렸기 때문에 무산되고 말았다. 그러나 나는 그 뒤 다시 일을 벌였다.

　대통령 후보를 선출할 전당대회를 바로 앞둔 그 시점에서 나는 의원회관으로 DJ를 찾아갔다.

　"대통령 선거에서 승리하든 패배하든 상관없이 무조건 당권을 포기한다는 약속을 해 주십시오."

　이때에는 DJ도 침묵하지만은 않았다.

　"노 의원, 그건 내가 알아서 할 일이오."

　그러나 그 이후 우리의 요구는 관철되었다. 생각해 보면 참으로 당돌하고 야박한 일이었다. 그런데 그때 내가 그렇게까지 한 이유는 내 나름대로는 있었다. 당시 총선에서 전멸해 버린 영남 지역의 지구당 위원장들을 조금이나마 위로하고 안심시켜 주자는 것이었다. 그래야 그들이 대통령 선거에 참여할 것이라는 생각이었다.

　하지만 그 목적이 어쨌든 간에 그분에게 미안했던 마음은 지금도 지워지지 않는다. 그리고 그 일은 DJ가 대통령 선거에서 패배하고 정계에서 은퇴한 마당에 더욱 누고두고 내 마음의 무거운 짐으로 남아 있다.

# 돌아올 수 없는 다리

대통령 선거가 의외의 큰 표 차이를 내면서 패배로 끝난 바로 다음 날 아침, DJ는 "국민의 하해와 같은 은혜를 하나도 갚지 못하고……"라는 한마디 말을 남기고는 홀연히 정계를 떠났다.

수십 년에 달하는 가시밭길 정치 역정이 마감되는 순간이었고, 많은 지지자들과 국민들의 마음속에 안타까움과 아쉬움을 남겨 준 잊지 못할 장면이었다. 나 역시 그 장면을 보면서 눈시울이 뜨거워지는 것을 주체하지 못했었다.

그런데 정말 놀랍게도 그로부터 거의 2년이라는 세월이 흘러간 지금까지도 'DJ가 정말 은퇴한 것이냐?', '혹 다시 복귀하는 게 아니냐?'를 둘러싸고 설왕설래가 그치지 않는다.

신문, 방송이야 남의 말하기를 좋아하니 그렇다 치더라도, 우리 당내 정치인들조차 그분의 복귀를 믿거나 지금도 그분이 정치를 하고 있는 것으로 믿고 있는 사람이 많다.

그런데 DJ를 직접 만나 본 결과는 간단했다. 나는 그분의 은퇴 이후 네 번을 만났는데, 그 결과 내가 얻은 결론은 DJ가 진짜로 정계에 복귀할 뜻도 가능성도 없다는 것이었다.

그런데 이 혼란은 어디서 오는 것일까?

1994년 7월 16일 오전 8시경, 나는 동교동 자택으로 DJ를 찾아가 뵈었다. 이틀 전에 DJ로부터 한번 들르라고 연락을 받았기 때문이었다.

　　대문을 들어서니 DJ는 뜰에서 새들에게 모이를 주고 있었다. 분홍색 체크무늬의 남방이 산뜻한 느낌을 주었다.

　　아침 식사를 함께 하면서 조문 파동 이야기며 남북 문제, 북한 핵 문제 등에 관해 한 시간가량 이야기를 들었다. 그분의 해박함과 통찰력이야 익히 알고 있던 바이지만, 그분의 말을 들으면 들을 때마다 새삼 놀라고 감탄하지 않을 수 없었다.

　　자리가 끝날 무렵, 나는 미리 준비해 두었던 질문을 드렸다.

　　"선생님, 저는 선생님의 은퇴를 액면 그대로 믿어 왔고, 그 이후 세 번 뵙는 동안에도 선생님의 은퇴 결심에 변함이 없을 것으로 들었습니다. 그런데 이제 당에서조차도 선생님께서 정치 복귀를 하실 것이고 지금도 정치를 하고 계신 것으로 믿는 사람이 많아, 저도 이젠 헷갈립니다. 어떻게 알고 있으면 좋겠습니까?"

　　"내 결심에는 변함이 없어요. 나는 결코 복귀하지 않을 것입니다. 그리고 복귀가 가능하지 않다는 사실은 누구보다도 내가 잘 알고 있어요. 그런데도 그런 소문이 떠도는 것은 첫째, 여당이 나를 들먹이며 자기네들에게 유리하니까 그 사람들이 자꾸 말을 퍼뜨리기 때문이고, 둘째는 언론이 내 이야기를 쓰면 잘 팔리니깐 자주 쓰는 게 아니겠어요.

　　그러나 나는 이제 정치를 안 합니다. 내가 국민들 앞에서 그렇게 선언했는데, 그 약속을 어떻게 뒤집을 수가 있겠어요. 만일 내가 다시 정치를 한다고 해 봐요. 그때 언론이 어떻게 나오겠어요. 나를 거짓말쟁이로 얼마나 몰아붙이겠습니까?

　　영남 지역에서 나에 대한 인기가 다소 달라지고 있다고는 하지만, 그건 내 정계 은퇴를 전제로 한 것이지요. 막상 내가 나온다고 해 보세요. 저 사람들은 또 지역감정을 부추길 것인데, 영남 사람들이 나에게 표를 주겠어요?

이젠 건강도 불가능해요. 다신 그런 끔찍스러운 선거를 감당할 자신이 없어요. 그러나 무엇보다도 중요한 것은 내 결심인데, 내 결심이 변함이 없습니다."

더 할 말이 없었다. 여기서 무슨 말을 덧붙이면 그분에 대한 모욕이 될 것만 같았다. 그래서 그 문제는 매듭을 지어 버리고 그동안 깔끔하게 정리가 되지 않아 혼란스럽던 의혹에 관하여 물어보았다.

"그 말씀은 잘 알겠습니다. 그런데 그건 그렇고 예전에 선생님을 가까이 모시고 있던 사람들이 왜 저를 박대하는지 그 이유를 모르겠습니다. 선생님 말씀을 들어 보면 지난 광명 선거 때에도 선생님 뜻은 저를 공천해야 한다고 하셨다는데, 그분들은 왜 저를 반대했는지, 섭섭하기도 하고 이해하기도 어렵습니다.

또 제 문제는 제 문제이고, 대구 동을 보선의 공천도 당의 사활이 걸린 문제인데, 그때도 선생님의 뜻은 그분들과 달랐다 하니 그 이유를 알 수 없습니다."

"나는 누구에게도 당무에 관해 이래라저래라 하지 않아요. 그러나 민주당은 내가 40년 동안 몸담고 키워 온 정당입니다. 그래서 당이 잘되기를 바랍니다. 그래서 광명 보궐선거 때에도, 대구 동을 보선 때에도 조심스럽게 내 뜻을 전했어요.

그런데 참 아쉽게 되었어요. 광명 보선 때에는 내가 영국에 가 있지만 않았어도 노 의원이 공천을 받도록 강력히 지원했을 거요. 대구 동을 보선 때에도 내가 서훈 씨를 내보내야 한다고 이야기를 했는데……."

마음속으로는 '지난번 원내총무 경선 때나 국회부의장 선출 때에도 당내에는 선생님의 뜻이라는 이야기가 공공연히 돌아다녔는데, 그건 선생님의 뜻이 아니고 측근들이 지어낸 것입니까?' 하고 묻고 싶었으나, 예의에 벗어난 것 같아 그만두었다.

측근들이야 DJ의 복귀를 간절히 바랄지도 모르는 일이고, 그들 스스로의 입지를 위해서도 DJ의 그림자라도 내세우고 싶을 것이다. 제 욕심 차리는 거야 인지상정인데, 그들이 하는 일까지 DJ에게 따져 물을 일은 아니다. DJ도 사람인 이상, 수십 년 동안 자기를 받들어 온 사람들이 자기의 그림자라도 의지하려 하는데 어찌 일일이 따질 수가 있겠는가.

이런저런 생각을 하며 그만 일어서 나오려는데, DJ가 웃으면서 한마디 덧붙였다.

"노 의원이 오늘 나를 만나서 한 이야기를 되도록 여러 사람에게 전달하세요. 여러 사람이 노력하고 또 시간이 흐르면 사실이 증명되지 않겠어요?"

내 사무실로 돌아와서 가까운 비서에게 DJ와 나눈 이야기를 들려주었더니, "그래도 선생님을 자주 만나세요" 한다. 본받고 배울 점이 많으니 자주 뵈라는 뜻일까, 아니면 아직도 영향력이 막강하니 잘 보이라는 뜻일까.

DJ는 지난 대통령 선거를 끝으로 정계에서 은퇴함으로써, 존경받는 훌륭한 지도자의 세계로 넘어갔다. 그리고 그 후의 모습들을 통해 국민들로부터 많은 신뢰를 받아 온 것이 사실이다.

그런 이미지는 앞으로 우리 사회가 부닥칠 여러 가지 문제들을 해결하는 데 있어서 긍정적인 역할을 하게 될 것임이 틀림없으며, 또 그런 과정에서 DJ가 국가와 민족을 위해 기여할 일도 분명히 나타날 것이다.

그렇기에 더욱 지금의 DJ는 그 이미지의 세계, 존경받는 지도자의 세계에서 이 현실 정치판이라는 세계로 돌아오면 안 된다. 그 길은 이미 '돌아올 수 없는 다리'가 되어 있는 것이다. 그 다리를 넘어오려고 첫발을 내딛는 순간부터 존경받는 지도자의 이미지는 한순간에 무너져 버릴 것이다.

그리고 한국 정치는 영원히 도덕적 신뢰를 회복할 수 없게 될 것이다.

# 여보, 나 좀 도와줘

# 3부

# 여보, 나 좀 도와줘

내 아내 양숙 씨는 고향 진영의 한마을에서 같이 자란 사이다. 1971년 제대를 하고 돌아와 보니 고등학교 졸업 후 부산에 취직을 해 있던 양숙 씨가 마을에 와 있었다. 그녀의 할아버지가 몸이 불편해 병구완을 위해 와 있었던 것이다.

그녀는 내가 고등학교를 다닐 때도 가끔 만나면 마음이 설레곤 했던 처녀였다. 고등학교를 졸업하고 군대 가기 전에도 몇 번 만난 적은 있었다. 그러나 그때는 워낙 콧대가 높아 말도 제대로 붙여 볼 수가 없을 정도였다. 그 양숙 씨를 제대 후 고향 마을에서 다시 만난 것이다. 그리고 고시 공부의 와중에서 본격적으로 연애를 시작했다.

처음에는 서로 책을 빌려주고 받고 하다가 나중에는 자주 만나 읽은 책에 대해 이야기를 나누곤 했었다. 그러면서도 그녀는 오랫동안 시치미를 뚝 떼고 딴청을 부렸다. 거의 1년간을 그렇게 나의 애를 먹인 후에야 비로소 마음을 열었다.

처음 그렇게 힘이 들 때는 아내의 콧대를 원망했으나, 나중에 생각해 보니 내가 너무 서두르는 바람에 오히려 일이 안 풀렸던 것 같다. 아내를 처음 몇 번 만나자마자 다짜고짜 결혼해 달라고 졸라 댔으니, 일이 잘될 턱이 없었다. 지금 다시 아내와 연애하라면, 결혼 따위의 말은 입 밖에도 내지 않고 오히려 아내 쪽에서 결혼하자고 조르도록 할 수 있을 텐데…….

우리는 그래도 남들은 흔히 갖기 어려운 아름다운 추억을 가지고 있다. 몇 킬로미터나 이어지는 둑길을 걸으면서 밤이 이슥하도록 함께 돌아다녔다. 늦여름 밤하늘의 은하수는 유난히도 아름다웠고, 논길을 걷노라면 벼 이삭에 맺힌 이슬이 달빛에 반사되어 들판 가득히 은구슬을 뿌려 놓은 것만 같았다. 마치 동화 속의 세계 같은 그 속을 거닐며 아내는 곧잘 도스토옙스키의 이야기를 하곤 했다.

나는 아내가 문학을 좋아하는 고상하고 품위 있는(?) 여성으로 알았었다. 그러나 내가 속았다는 것을 깨닫는 데는 그리 오랜 시간이 걸리지 않았다. 결혼하고 얼마 지나지 않아서 그녀는 나의 주인이 되어 버렸고, 주인으로 군림하는 그녀의 모습은 결코 꿈을 좇던 그때의 처녀 양숙 씨가 아니었다. 고등학교 때 내가 제일 무서워했던 훈육주임을 닮았다고나 할까…….

연애를 한창 하던 시절의 기억으로 잊지 못할 것이 하나 있다. 나는 동네 앞 들판 건너 산기슭 토담집에서 공부를 하고 있었는데, 어느 날 여름이 끝날 무렵이라 덮고 잘 담요를 집에서 갖고 나왔었다. 그때 마침 양숙 씨를 만나 그날도 둑길을 함께 걸었다. 그런데 그 모습을 누가 보았는지, 무현이랑 양숙이는 담요를 갖고 다니면서 연애를 한다는 소문이 동네에 퍼져 변명도 하지 못하고 망신을 당했던 것이다.

우리는 2년 가까이를 커피 한 잔 값 안 들이고 순전히 맨입으로 연애를 했지만, 누구보다도 행복했고 아름다운 추억을 쌓았다. 아내에게 이런저런 구박을 받다 보면 아내가 마귀할멈처럼 미워지다가도 그 시절의 추억을 떠올리면 지금도 저절로 미소가

지어지며 흐뭇해진다.

고향에는 아직도 그 둑길이 그대로 있다. 가끔 고향에 내려가면 나는 아내와 함께 그때의 기분을 내보곤 한다. 그런데 이상한 것은 그 좋은 둑길을 요즘 청년들이 별로 이용을 하지 않는 것 같다. 하기는 이젠 농촌에 그 둑길을 걸을 청년들이 남아 있지도 않지만⋯⋯.

아내와 내가 결혼에 이르기까지는 또 그렇게 만만치가 않았다. 우선 처가에서 펄쩍 뛰었다.

내 딴에는 고시 공부를 한답시고 책을 붙들고 씨름하고 있었지만, 장모의 눈에는 가당치도 않은 일이었다. 고시 공부한다는 사람은 많았지만 합격했다는 사람은 없었던 시절이라, 서울 법대를 나오고도 안 되는 경우가 허다했다. 하물며 상고밖에 안 나온 시골뜨기가 고시 공부를 한다고 하니 얼마나 한심하게 보였을까.

그 공부라는 것도 열심히 하는 것도 아니었다. 심심하면 휘파람으로 자기 딸을 불러내 새벽이 이슥하도록 나돌기나 하니 장모의 눈에는 내가 자기 딸 밥 굶기기 딱 좋은 남자였다. 그러니 어림도 없는 일이었다.

우리 집은 우리 집대로 씨가 안 먹히는 소리였다. 내가 어릴 적부터 재주가 있었다고 믿고 있는 형님들은 나의 고시 합격을 철석같이 믿고 있었고, 그러면 학벌 좋고 집안 좋은 부잣집 딸에게 장가갈 수 있으리라 믿고 있었는데, 돈도 문벌도 보잘것없는 양숙 씨네가 마음에 찰 리가 없었다.

그것 말고도 또 하나의 결정적인 이유가 있었다. 아내의 아버지가 예전에 좌익 운동을 하다 형을 선고 받고 복역 중 돌아가셨다는 사실이었다. 연좌제에 걸리면 고시 합격해도 판검사 임용도 안 되고 내 앞길을 망친다는 게 형님들과 어머니의 걱정이었다.

우리는 한동안 그렇게 양쪽으로 시달렸다. 난 나대로 장모가 날 무시하는 것 같아 섭섭했고, 아내는 아내대로 우리 집이 자기를 깔보는 것 같아 섭섭해했다.

그러다 보니 우리 둘 사이에도 티격태격 싸움이 생기기 시작했다. 스스로 크게 출세할 사람이라고 믿고 있던 나로선 내가 자기에게 장가드는 걸 무슨 큰 선심이라도 쓰는 것처럼 행세했고, 아내 입장에선 천생 백수건달이 될 나를 위해 희생을 감수하고자 하는데 그걸 몰라준다는 투였다.

우린 그때 매일같이 만나기만 하면 싸웠다. 그러면서도 물불 안 가리고 서로 좋아했다. 양가 부모님들도 이런 우리를 보고 끝내 손을 들었다. 각기 욕심들이야 있었지만 본래 천성이 착한 분들이었던 것이다. 1973년 1월 우리는 결혼식을 올렸고, 그럭저럭 20년을 함께 살았다.

요즘 가끔 결혼 주례를 설 때가 있다. 그럴 때마다 마땅히 할 말이 생각나지 않는다. 하려고 하면 너무 많고 딱 한마디로 추리려면 할 말이 없다. 그래서 이 이야기만 한다.

"너무 큰 기와집을 짓지 마십시오. 그렇다고 불안해하지도 마십시오. 20년쯤 지난 선배로서 내게 결혼이 뭐냐고 묻는다면 그냥 '신비'라고 말하고 싶습니다."

요즘 사실 집안에서는 나보다 아내의 끗발이 더 세다. 아내에게

쥐여살다 보니 가끔 옛날 생각이 날 때가 있다. 고시 합격 전까지는 분명 내 맘대로 하고 살았으니까. 그땐 아마도 내가 행여 열등감이라도 가질까 싶어 아내가 많이 봐줬던 모양이다.

이후 내가 고시에 합격하고 사회적으로 잘 풀려 가면서부터 오히려 아내가 봐주질 않는다. 잔소리도 많아지고 양보도 안 해주고……

그래서 나는 아내에게 불만이 많다. 그런데 아내는 오히려 내게 불만이다. 내가 결혼할 때의 약속을 위반했다는 것이다. 사실 결혼할 당시 우리는 단지 판검사, 변호사가 되면 시골에 별장도 하나 갖고 모양 나게 산다는 게 두 사람의 합의된 꿈이었다. 고시 공부하던 그 시절 변협 회장인가를 지낸 분이 하와이에 별장을 갖고 있다 하여 여러 사람들에게 지탄을 받고 있었는데, 오히려 우리는 그 기사를 보고 하와이는 아니더라도 시골에 별장 하나는 갖고 살자는 약속을 했었던 것이다. 그런데 그 약속을 내가 사회운동을 시작하면서 깨뜨린 것이다.

내가 사회운동을 시작하고부터는 돈벌이도 줄어들기 시작했고, 정치를 시작하고부터는 지역구 관리니 강연이니 지구당 창당대회니 하며 나돌아 다니기 일쑤이니 그에 대한 불만이 없을 리가 없을 것이다. 그래서 내가 자기와 의논도 없이 결혼 때의 약속을 깨뜨려서 그러냐고 물어보면, 아내는 서슴없이 그렇다고 한다.

아니 그렇다면 해약을 하면 될 거 아니야 하고 큰소리를 쳐보기도 하지만, 언젠가 어느 인터뷰에서 정치와 아내 중 하나를 선택하라면 아내를 선택할 것이라고 선언했으니 씨알도 먹히지 않는다.

아내는 도대체 내가 하는 일에 끼어들려 하지 않는다. 평소에 지역구 관리에 나서지 않는 것은 물론이고, 지난번 최고위원 선거 때 대부분의 최고위원 후보 부인들이 선거운동을 하고 다녀도 아내는 내다보지도 않았다. 그뿐만이 아니다. 청문회 이후 수많은 잡지사에서 아내에게 인터뷰를 시도했지만, 모두 실패했다. 인터뷰는커녕 사진 한 장도 찍지 못했다.

아내가 나를 도와준 것은 두 번의 국회의원 선거 기간 때에만 마지못해 유권자들에게 함께 인사를 다닌 것이고, 1988년 내가 의원직 사퇴서를 냈을 때, 나를 꾀어 집에 들여놓고는 사람들을 불러 모아 사퇴를 철회하게 한 일뿐이다.

그러다 보니 당원들로부터 욕을 얻어먹기도 하고, 선거 때에는 노무현이 첩을 두어 본처와 별거를 하고 있다느니, 마누라가 흠이 있어서 안 나온다느니 하는 흑색선전의 빌미가 되기도 한다.

언젠가 이현재 총리 시절이었다. 하루는 아내가 불쑥 "이 총리 그분은 가정관리를 참 잘하는 것 같아요" 하길래, 무슨 말인가 싶어 왜냐고 물었더니 뜻밖의 대답이 나왔다. "이 총리는 부인이나 가족들 이야기가 텔레비전이나 신문, 잡지에 통 나오질 않아요. 그 부인이 처신을 참 잘하는 것 같아요."

그때 나는 "이 총리도 선거로 뽑히는 자리라면 그럴 수 없을 걸" 하고 응수를 했지만, 참 억장이 무너지는 소리였다. 무슨 여자가 그리도 고집이 센지…….

처음 선거에 나왔을 때의 일이다. 선거 참모들이 집에 와서 큰아이와 내가 웃통을 벗고 씨름하는 사진을 보고 홍보용 사진으로 쓰겠다고 하자, 아내는 펄쩍 뛰었다. 아무리 선거가 중요해도 귀한 자식의 사진이 뭇사람의 발밑에서 밟히게 할 수는 없다는 것이었다. 결국 참모들이 포기하고 말았다.

아내의 논리도 여러 가지이다. 남편이 정치를 한다고 여자까지 나서는 것은 보기가 좋지 않다거나, 가정을 노출시키는 것은 사생활 침해란다. 또 어떤 때는 한술 더 떠서 "당신이 정치 안 하면 한 달 수입이 얼만데, 당신을 내놓는 것만으로도 우리는 애국 충분히 하고도 남았어요"라든가, "언제 당신이 아이들 챙겼어요? 나라도 챙겨야지요" 매사에 이런 식이다.

그러나 아내는 대체로 내가 하는 일이 옳다는 점은 인정하는 것 같다. 특히 3당합당을 반대할 때 그랬다. 그렇지만 내가 한국 정치에 꼭 필요한 사람이라고는 생각하지 않는다. 내가 정치를 하거나 말거나 한국 정치가 달라질 것이 없는데, 왜 그 고생을 하느냐는 것이다. 아직도 나랑 한참을 싸워야만 할 것 같다.

이제 둘째 아이가 올해면 입시 준비가 끝난다. 나는 그때를 기다린다. 이제는 어떤 수를 써서도 아내를 울타리에서 밖으로 끌어내올 참이다. 여러 가지로 어렵고 힘들 때 내 아내 양숙 씨는 누구보다도 든든한 후원자이자 동지일 테니까⋯⋯.

"여보, 나 좀 도와줘. 나는 꿈이 있어. 나는 꼭 그 꿈을 실현하고 싶어. 정치를 하려면 미쳐야 된대. 여보 양숙 씨, 우리 같이 한번 미쳐 보자. 응?"

# 하늘의 절반

고등학교를 졸업하고 나서 얼마 안 되었을 무렵, 그러니까 아내인 양숙이와 연애를 시작할 무렵이었다. 마침 설날을 맞아 고향에 내려온 나는 마찬가지로 설을 쇠러 내려온 양숙이와 둑길에서 마주쳤다. 나는 대뜸 말을 건넸다.

"오늘 저녁, 통샘골에서 좀 보재이."

양숙이는 내 말에 대답은 하지 않고 씩 웃기만 하더니 그냥 가 버렸다.

그리고 그날 저녁, 약속된 시간에 약속된 장소로 나간 나는 30분이 넘도록 오지 않는 양숙이를 기다리다가 마침내 분통이 터지고 말았다. 씩씩대면서 헐레벌떡 양숙이네 집으로 달려간 나는 다짜고짜 집 안으로 들어가 댓돌 밑에 서서 큰소리로 양숙이를 불렀다.

양숙이의 어머님, 그러니까 지금 나의 장모님께서는 갑자기 벌어진 사태에 깜짝 놀라 "무슨 일이냐?"고 물으셨다. 나는 "안녕하십니까?" 하고 능청을 떨었다.

"니는 와 사람을 기다리게 해 놓고 코빼기도 안 보이노?"

양숙이는 내 신경을 더 거슬렀다가는 자칫하다 동네 망신이 될 것 같아서였는지, 순순히 나를 따라 집 밖으로 나섰다. 우리는 한참을 아무 말도 않고 걸어갔다. 그러다 둑길에 올라서자 양숙이가 빈정거리는 투로 물었다.

"니 요새 공부한다면서?"

"응."

대답을 해 놓고도 그걸 왜 묻는가 싶어 의아스러운 표정을 짓는데, 양숙이가 또다시 가시 돋친 말을 던져 왔다.

"공부하면 공부나 열심히 할 일이지, 사람은 와 불러내노?"

"집을 지으려면 기둥이나 대들보도 필요하지만 서까래나 장식물들도 필요한 거 아니가?"

"그럼 여자는 서까래나 장식물 같은 사람이란 말이가?"

순간 나는 '아차, 말을 잘못했구나' 하고 생각했지만, 이미 꺼낸 말을 다시 주워 담을 수는 없는 노릇이었다.

그 말은 정말 실수였을까, 아니면 내 사고방식이 실제로 그랬던 것일까? 분명하게 잘라 말할 수는 없지만, 지금 와서 보면 후자 쪽에 더 가까운 것이었다는 느낌이 든다.

'칠거지악.'

'여자의 시집살이는 벙어리 3년, 귀머거리 3년, 장님 3년.'

'여자와 명태는 두들겨야 한다.'

'새댁은 청치마 밑에서 길을 들여야 한다.'

자라나는 동안 많이 들어 왔던 이야기들이다. 남성 중심 사회를 상징해 주고 있는 이 말들을 사흘이 멀다 하고 들으면서 자라났던 만큼, 여성을 장식물쯤으로 생각하는 사고가 내 머릿속에 자리 잡았음 직하다.

그러나 나의 여성관에는 단순히 그것만 가지고는 설명될 수 없는 특이한 그 무엇이 있었다. 그런 얘기들을 함께 들으면서 자라났던 나와 같은 세대의 사람들에 비하면, 나의 여성관에는 일종의 '반감' 같은 것이 자리 잡고 있었던 것이다.

나의 어머니께서는 아버지를 무척이나 구박하셨다. 어머니께 죄송스럽긴 하지만, 그건 '구박'이라는 말로밖에 표현할 수 없는 것이었다.

아버지께서는 정직하고 양심적인 사람, 그러나 수완은 없는 사람이었다. 한마디로 말해 성실한 농사꾼이셨다. 젊은 시절 객지에 나가 큰돈을 벌어 오셨지만 몽땅 사기를 당하고 말았다. 또 친척들 간의 금전 거래에도 악착스러운 면이 없었던 탓에 집안 살림을 빼앗기거나 아니면 헐값에 넘겨 버리는 일이 적지 않았었다. 가지고 있던 작은 공장과 논밭들이 그런 식으로 헐값에 친척들에게 넘겨졌다.

그런 일을 겪으면서 한이 맺혔던지 어머니는 늘상 아버지를 구박하셨다. 그럴 때마다 내 마음에 심어졌던 어머니의 모습, 그것이 어쨌든 내가 처음으로 접했던 여성이라는 이미지였다.

어머니로서의 여성은 봄날의 햇살처럼 따뜻하게 다가왔지만, 아내로서의 여성은 잔인하리만큼 야박하고 극성스러운 모습으로 다가왔던 것이다.

어머니를 바라보면서 느꼈던 나의 그런 여성관은 그 후 큰형수님이 새 식구가 되어 우리 집에 들어오면서부터 더욱 굳어졌다.

대학을 다니다 말고 고시 공부를 하러 절에 들어갔던 큰형님은, 초등학교 여선생인 형수를 만나 연애 끝에 결혼을 했다. 형님 생각에는 형수가 직장이 있으니 고시 공부 뒷바라지를 해 줄 거라는 계산도 있었을 것 같다. 그러나 결과는 정반대로 나타나, 형님은 결혼 후 고시 공부를 중단했다. 형수의 구박과 괄시 때문에 공부를 더 계속할 수 없었기 때문이다. 그 이후 형님이 돌아가실 때까지 형님과 형수 사이는 끊임없이 불행했다.

내 눈에는 형수님이 형님을 일방적으로 구박하고 괴롭히는 것으로만 보였다. 나는 형님을 '못난 사람'이라고 생각했다. 그리고 나는 다짐을 했다. 무슨 일이 있더라도 나는 마누라만은 손아귀에 넣고 살겠다고.

그러나 그렇게 다짐에 다짐을 거듭해 왔던 나의 각오는 막상 연애가 시작되면서부터는 봄날 눈 녹듯이 녹아 버리고 말았다. 20대 남녀 사이의 사랑이 가진 위력은 대단했다. 그때까지 가지고 있던 여성에 대한 경계심과 혐오감은 어디론가 사라져 버리고 그저 양숙이가 좋게만 보였다.

그러나 나는 결혼을 할 때까지도 남성 우위의 생각이나 여성에 대한 경계심을 버린 것은 아니었다. 다만 양숙이만 '특별히 좋은' 여자이거나 '순종하는' 또는 '내 손아귀에 들어올' 여자였던 것이다. 그런데 막상 결혼을 해 놓고 보니 그것도 아니었다.

말을 명령조나 억압조로 함부로 하면 그걸 따지고 들 뿐만 아니라, 심하면 우리 집의 가풍을 비난하기도 했다. 심지어는 내 개인의 습관까지도 공격의 대상으로 삼곤 했다. 나는 우격다짐을 해서라도 기를 꺾어 놓아야 한다는 생각에 눈을 부라리기도 했고 고함을 치기도 했다. 그러니 작은 말다툼도 걸핏하면 싸움으로 비화되기 일쑤였다.

나는 별 생각을 다 했다. '아, 속았구나' 싶기도 했고, 나도 잘못하다가는 큰형님처럼 될지 모른다는 생각이 나를 더욱 초조하게 만들었다. 견딜 수 없는 초조감과 불안감에 나는 급기야 아내에게 손찌검까지 하는 남편이 되고 말았다.

지금 생각해 보면 아내로서는 매우 고통스럽고 절망적인 일이었을 것이다. 우리가 결혼할 당시 우리 집은 농사가 많았다. 형님 내외는 직장 따라서 부산에서 살고 있었기 때문에, 시부모 모시고 농사 수발을 하는 일은 아내의 몫이었다. 그러니 아이 키우랴, 집 청소하랴 음식을 장만해서 들에 갖다주랴, 그 고생이란 말로 다할 수 없었다. 그런데도 나는 공부한답시고 모내기하는 날에도 내다보지도 않았으니…….

그러나 나는 아내가 조금이라도 불평을 하면 소리를 질러 대었고, 그 말에 심하게 반발을 하면 다시 손을 올려붙였던 것이다. 정말 기억하기에도 부끄러운 일이 아닐 수 없었다.

고시에 합격하고 나서 연수원에 다니던 시절, 나는 아내를 다루는(?) 일을 무척이나 힘들게 느끼고 있었다. 그러나 나보다 나이가 어린 연수원 동료들의 눈에는 그렇게 보이지 않는 듯했다. 그 친구들이 보기에는 나야말로 아내 위에 군림하는 남편처럼 보였던 모양이다.

어느 날 갓 결혼한 친구들과 함께 소주병을 들고 수유리 뒷산에 올라갔던 일이 있었다. 친구들 중 하나가 나에게 이런 질문을 던지는 것이었다.

"어떻게 노 형은 형수님을 그렇게 꽉 잡고 삽니까? 비결이 뭡니까?"

나는 그 자리에서 무슨 인생의 대선배나 되는 듯이 대답해 주었다.

"조져야 돼. 밥상 좀 들어 달라고 하면 밥상 엎어 버리고, 이불 개라고 하면 물 젖은 발로 이불을 질겅질겅 밟아 버리는 거야. 그렇게 해야 꽉 잡고 살 수 있는 거야."

물론 농담이었지만, 전혀 거짓말도 아니었다. 그것이 나의 기본적인 사고방식이었다.

그런데 '운동'을 시작하면서부터 나의 여성에 대한 잘못된 생각이나 아내에 대한 태도가 전혀 달라졌다. '사회운동'은 나의 다른 모든 생각과 행동들을 바꿔 놓은 것처럼, 여성에 대한 사고방식도 바꾸어 놓았다. 사실 나는 이 말을 하기 위해 부끄러움을 무릅쓰고 숨기고 싶은 이야기들을 털어놓은 것이다.

1983년경, 부산에서 운동권 청년들이 만든 공해문제연구소에 내 사무실의 일부를 내주고 있을 때였다. 그때 나는 청년들과 그곳에서 이야기를 나눌 기회가 많았다. 어느 날 그렇게 이야기를 하던 중에 여성에 대한 이야기가 화제에 올랐다. 나는 대뜸 이렇게 농담을 했다.

"그래도 남자한테는 여자가 서너 명은 항상 있어야지. 한 명은 가정용, 또 한 명은 함께 춤을 출 수 있는 뺑뺑이용, 그리고 또 한 명은 인생과 예술을 논하는 오솔길용, 이 정도는 있어야 되는 거 아니야?"

순간 청년들의 얼굴색이 갑자기 변해 버렸다.

"아니, 변호사님이 어떻게 그런 말씀을 다 하십니까?"

청년들의 표정은 농담이 아니었다. 나는 참 난처했다. 그리고 이해할 수 없었다. 여학생이 화내고 덤비는 것은 이해할 수 있는데, 남학생이 펄쩍 뛰는 것은 이해조차 되지 않았다. 아무런 대답도 하지 못한 채 나는 그 자리에서 무안을 당해야 했다. 그리고 그때 비로소 나는 내 생각이 요즘 젊은이들이 보기에는 커다란 흉이 되는구나 하는 생각을 어렴풋이 할 수 있었다.

그러고 나서 얼마 후 청년들은 내 아내에게 『하늘의 절반』이라는 책을 읽어 볼 것을 권유했다. 속마음에는 아내를 운동으로 끌어들이기 위한 목적이 있었던 게 아닌가 싶다.

이유야 어쨌든 나도 그 책을 보게 되었는데, 바로 여성 문제에 대한 책이었다. 일반적인 여성 문제는 물론, 자녀의 양육과 교육, 그리고 여성의 사회적 역할에 대해서까지 사회주의 중국에서의 실험적 사례들을 소개하면서 상세한 설명을 덧붙임으로써 여성의 소중함과 권리를 일깨워 주는 내용이었다. 나는 그 책에서 커다란 감명을 받았다.

그 이후 나는 그때까지 나의 행동과 사고방식에 깊은 반성을 하게 되었다. 그리고 점차 여성 문제에 대해 관심을 갖게 되었고, 책도 많이 읽고 생각도 많이 하게 되었다.

물론 나와 아내 사이도 달라졌다. 나도 아내를 존경할 줄 알게 된 것이다. 아직 실천을 제대로 하지는 못하지만, 어쨌든 달라진 것만은 틀림없다. 나는 나를 대하는 아내의 태도가 한결 부드럽게 변하는 것을 보면서 나의 변화를 읽는다. 이젠 싸움을 해 본 기억조차 까마득하다. 운동권이 우리 집에 가져다준 또 하나의 선물이다.

그런데 요즈음 젊은이들과 이야기를 나누어 보면 또 새로운 변화를 느낀다. 무슨 얘기 끝에 남편이 음식도 '해 주고' 빨래도 '해 준다'고 이야기했더니, '해 준다'는 생각이 틀렸단다. 남의 일을 '해 주는' 것이 아니라 자기 일을 하는 거란다. 어느 나라에서 남성 노동자에게 '육아 휴가'를 준다는 말을 듣고 별 싱거운 일도 있구나 하고 생각했는데 젊은 친구들 이야기를 듣고 보니 요즘 말로 장난이 아니구나 싶다.

내가 변호사를 하고 있을 때만 해도 민법상 여성을 차별하는 법이 버젓이 있었다. 그런데 13대 국회에서 여러 가지가 바뀌었다. 남녀고용평등법도 만들었다.

앞으로 남은 문제도 많고 또 새로운 문제들이 계속 제기되겠지만, 그중에서도 여성의 정치 진출이 가장 중요한 것 같다. 13대 국회에서 가족법 개정이나 남녀고용평등법, 영유아보육법 등 여성의 권익 신장을 위한 여성 의원들의 노력이 돋보이기도 했고, 요즈음 지방의회에 진출한 여성들의 활약도 인상이 깊다. 특히 지방자치는 바로 여성들의 피부에 와 닿는 생활의 문제가 많아서 여성들의 진출이 더욱 요구되는 부분이다.

그런데 여성들의 정계 진출을 용이하게 하기 위해서는 여성들 스스로의 노력이 중요하겠지만, 다른 나라들의 경험을 보면 비례대표제 또는 대선거구제를 채택하고 그중 일부의 의석을 여성에게 배정하는 제도를 도입하는 것이 가장 바람직할 것이다.

여성들의 지위 향상과 사회 진출 문제와 관련하여 나는 걱정이 있다. 사회 진출은 좋은데, 자녀 양육은 어떻게 할 것인가. 내 딸아이도 곧 부닥칠 문제이다. 여성의 취업 비율이 날로 높아져 가고 있는 추세로 볼 때 육아 문제에 관한 근본적인 사회적 대책을 세워야만 할 때이다.

장성한 자녀들을 둔 어머니들 몇 사람이 모인 자리에서 이런 이야기가 나왔단다. 모두들 손주 키워 주기가 싫다는 이야기를 하던 중에 어떤 어머니가 "손주 맡기면 사위나 며느리 앞에서 아이 입을 걸레로 싹 닦아 주고, 음식을 입에 씹어서 먹이면 그날로 아이를 데려간다"고 손주 보아 주지 않을 수 있는 비방을 가르쳐 주더란다.

우리는 그 말을 듣고 배꼽을 잡으며 웃었다. 그러나 웃을 일만은 아니다. 우리 모두 대책을 세워야 한다. 나는 여성들이 좀 더 넓게 관심을 가졌으면 한다.

여성 문제는 여성의 권익 신장, 사회 진출 문제만 있는 것이 아니라, 이처럼 사회제도 전반에 관련을 갖는 문제이다. 그리고 지금까지 여성의 권익이 신장되어 온 역사를 보면 노동운동의 발전에 힘입은 바 크다. 결국 여성 문제만 따로 떼어서 생각할 것이 아니라 다른 사회 전반의 문제와 함께 해결해 나가야만 할 것이다.

의료보장, 무상교육, 국가에 의한 영유아의 보육 제도가 발전되지 않고서는 여성의 사회 진출은 어렵고, 여성의 사회 진출 없는 남녀평등도 기대하기 어렵다. 한마디로 그 사회의 복지 제도에 관한 의식이 달라져야 한다. 그런데 우리나라의 복지 수준은 정말 형편없고 그에 대한 여성들의 의식도 너무 낮다. 그리고 그 문제의 개선을 주장하는 사회운동에 대해서도 냉담한 것 같다.

이제 여성들이 나서야 한다. 그것도 여성의 권익, 여성의 정치적 사회적 진출만 주장할 것이 아니라, 환경, 소비자 문제, 교육, 의료, 노인복지 등 사회보장 등에도 관심을 가져야 한다.

눈을 크게 뜨고 나서야 한다.

# 참으로 어려운 자식 농사

아내가 나를 구박할 때는 언제나 아이들 이야기를 내세운다. "아이들을 위해서 관심 가져 본 적이 있느냐?", "아버지 노릇 한 거 뭐가 있느냐?"는 것이다.

자기 공을 내세울 때도 역시 아이들 이야기가 나온다. 아이 둘이 별 탈 없이 건강하게 자라난 것이 모두 자기 덕이라는 것이다. 그래서 "당신은 나를 업어 줘야 한다"는 것이다.

그럴 때는 아무 말도 못하고 꼼짝없이 당한다. 그러나 나는 별로 억울하거나 분하지는 않다. 아이들이 나를 보고 빙긋이 웃어 주기 때문이다.

나는 아이 둘을 키운다. 큰놈은 대학 1학년을 마치고 군대에 가 있고, 그 아래 딸아이는 작년에 대학 입시에 떨어져 재수 학원에 다니고 있다.

큰놈은 겨우 대학에 들어갔으나 흔히 말하는 일류 대학도 아니고, 딸아이도 별로 세지도 않은 대학에 시험 쳤다 떨어져 재수를 하고 있으니, 아내는 아무래도 욕심에 차지 않아서 속이 상하는 모양이다. 가끔 아내는 "당신을 닮았으면 공부를 잘할 텐데 나를 닮아서 돌인가 보다"라고 해 놓고는, "당신이 아이들에게 좀 더 신경을 썼더라면……" 하면서 다시 나에게 화살을 겨누기도 한다.

그러나 나는 생각이 다르다. 그 정도만 해도 고맙다. 두 놈 다 나보다 키가 크다. 그리고 몸도 마음도 모두 건강하다. 공부는 별로지만 건전한 시민이 되는 데는 아무런 지장이 없다.

기왕이면 영화배우처럼 잘생기기를 바랐지만, 나나 아내의 생김새를 생각할 때 그건 얼토당토않은 욕심이다. 두 놈 다 생김새도 목소리도 심지어 한일자 주름살까지도 나를 닮았으니, 나로서는 아내도 아이들도 탓을 할 건더기가 없다. 아이들은 내가 자기들한테 무슨 불만이라도 토로하려 하면, "그건 아버지를 닮아서 그래요" 하고 슬쩍 내 약점을 찌른다.

지금까지 아이들을 키운 일을 돌이켜 보면, 잘못된 일도 많고 아쉬움도 많다. 그중에서도 가장 뼈아픈 실책은 교육은 부모가 다 하는 것으로 잘못 생각한 것이다. 오히려 아이들은 가정보다는 학교나 친구들에게서 더 많은 영향을 받는다. 따라서 세상 돌아가는 흐름을 거스르는 부모의 교육이 자칫하면 아이들에게 부담만 주는 결과가 될 수도 있다는 것이다.

아이들이 초등학교에 다닐 때의 일이다.

"여보, 이번에 우리 아이들 데리고 여행 갑시다."

"아니, 중간에 토요일이 끼어 있잖아요."

"토요일 하루 쉬면 되지 뭐."

"당신이야 놀면 되지만, 아이들 학교는 어떻게 하구요?"

결국 우리 부부는 아이들 선생님에게 양해를 구하고는, 아이들을 데리고 강원도를 한 바퀴 돌고 왔다.

그때도 지금과 마찬가지로 아이들이 입시 공부에 짓눌려 인간성 발달에 문제가 심각하다고 모두들 걱정이 많을 때였다. 그러나 그러면서도 어떤 부모들도 아이들의 성적에 대한 집착에서 벗어나지 못했다.

　그렇지만 나는 이 풍조에 과감히 도전장을 냈다. 내 아이들을 성적의 노예가 되도록 내버려 두진 않겠다고 결심했다. 그래서 아이들을 놀게 했다. 놀지 않으면 내가 데리고 놀았다. 아내가 걱정을 하면, "괜찮아. 내가 책임진다"는 한마디로 밀어붙였다.

　그런데 큰놈이 고등학교 2학년쯤 되자 문제가 생겼다. 그동안 부자간에 죽이 맞아서 놀기는 잘 놀았는데, 막상 고2가 되니 사정이 달라진 것이다. 학교에 가면 선생님도 친구들도 온통 대학 이야기뿐이니, 큰놈으로서는 대학 입시 걱정을 안 할 수가 없게 된 것이다. 그렇다고 공부를 하려 하니, 이미 공부 좀 하는 아이들은 중3과 고1 때 미리 고등학교 과정을 공부해 뒀고, 게다가 학교 수업은 그 아이들에게 맞추어 진도가 나가니 도저히 따라갈 수가 없다는 것이다.

　큰놈은 뒤늦게라도 따라가 보겠다고 한동안 공부에 매달리는 것 같더니, 나중에는 슬금슬금 친구들과 어울려 술도 마시고 담배도 피우며 왕창 놀아 버리는 것 같았다. 노는 것도 문제지만, 스스로의 불안감으로 인해 행동이 거칠어지고 불안정해지는 것이 점점 자포자기 상태로 빠지는 것이 아닌가 하여 더 걱정스러웠다.

　나는 아이들 문제로는 처음으로 비상이 걸렸다. 가고 싶은 학과에 실력 때문에 갈 수 없을 것 같아 고민하는 큰놈을 붙잡고 달랬다.

　"건호야, 대학교에서 전공은 중요한 것이 아니다. 미국 같은 나라에서도 대학 졸업 후 전공 분야에서 일하는 사람은 다섯 중에 하나도 안 된단다. 하물며 우리나라처럼 성적에 맞추어 대학과 학과를 선택하는 경우에는 더 말해 무엇 하겠냐. 어느 학과를 나와도 나중에 자기가 하고 싶은 일을 하는 데는 큰 지장이 없다."

또 이렇게 달래기도 했다.

"대학에 가는 목적은 다 같은 것이 아니다. 어떤 사람은 전문 연구가가 되기 위해서 대학을 가고, 어떤 사람은 취직자리를 얻으려고 대학에 가기도 하지만, 훌륭한 시민의 소양을 쌓기 위해서 대학에 갈 수도 있는 것이다. 시민으로서의 소양을 쌓기 위해 대학에 간다 생각하면 학과가 중요한 것은 아니지 않느냐.

그리고 대학을 졸업하고 다시 다른 공부를 하고 싶으면 네 나이 40살까지는 내가 책임지마. 그래야 할 형편이면 내가 정치를 그만두고라도 돈을 벌어 너를 밀어줄 테다."

그 밖에도 별소리를 다해 가며 아이를 안심시키려고 애를 썼다. 40살까지 아비가 책임지겠다는 것은 말도 안 되는 소리지만, 당시에는 그걸 따질 겨를이 없었다. 아무튼 내 설득이 효험이 있었는지는 알 수 없지만, 큰놈은 그럭저럭 잘 해냈다.

그런데 대학에 가서도 역시 문제가 생겼다. 내가 대학을 교양 과정으로만 생각하고 친구 잘 사귀고 책이나 많이 읽어 인생을 폭넓게 배우라고 아무리 얘기해도, 학과 공부는 하기가 싫고 신경은 쓰여서 매우 고통스러운 모양이다.

나는 큰놈의 일을 통해서 교육은 부모가 좌지우지할 수 없는 것이라는 사실을 깨달았다. 결국 보통 사람들은 혼자서 세상 돌아가는 흐름을 거역할 수 없는 것이다. 그것도 자기 스스로의 깨달음과 선택이 아니라, 부모의 권유인 경우에는 더욱 큰 혼란에 빠지게 된다.

　지금 나더러 아이를 다시 키우라면 망설이지 않고 아이를 경쟁의 대열로 밀어 넣을 것이다. 세상이 잘못되어 있을 때는 그 잘못된 구조와 제도 자체를 고치도록 노력해야지 혼자서 이탈하거나 외면해서 되는 일이 아니기 때문이다.

# 내 아버지의 아들, 내 아들의 아버지

어머니는 식민지 시대를 거쳐 나라가 혼란하고 어렵던 시절을 사셨다. 농사조차 짓기 어려운 척박한 땅에서 가난한 살림을 꾸려 오셨다. 아버지가 물려받은 재산도 없었던 데다가 객지에서 어렵게 모은 얼마간의 재산을 어느 친척의 사기에 날려 버리기도 하고 조그만 사업마저 또 다른 친척의 훼방으로 문을 닫았기 때문에 해방 이후에는 줄곧 가난을 벗어나지 못했다.

그래서 어머니는 한이 맺혀 있었다. 가난으로 인한 고생도 고생이려니와, 친척들의 박대, 일본인의 마름 노릇을 하다가 지주가 된 동네 유력자의 횡포, 그에 저항하다가 당한 수모 등, 나는 어릴 적부터 어머니로부터 한 맺힌 이야기를 끊임없이 들어 왔다.

다행히 어머니께서는 나에게는 큰 꿈을 강요하거나 자신의 한을 풀어 줄 것을 기대하지는 않으셨다. 위로 형이 둘 있었으니 꿈은 형들에게 걸었던 것 같고, 큰형이 좌절되자 오히려 나에게는 큰 꿈을 갖지 말고 어떻게 하든 먹고사는 데만 힘을 쓰기를 바라셨다. 지금도 나만 만나면 세상일 덮어 두고 살림이나 돌보라고 거듭거듭 당부하신다.

그러나 어머니의 삶에 쌓인 한, 그리고 큰형님에게 걸었던 기대와 좌절은 나에게 큰 부담을 주었고, 내 성격이나 삶의 목표에 영향을 준 것이 사실이다.

지금 와서 생각해 보면 어릴 때 나는 상당히 반항적이었고 한편으로는 열등감이 심했던 것 같다. 그리고 가슴에 한과 적개심을 감추고 있기도 했고 그러면서도 오히려 쉽게 좌절하기도 했다.

초등학교 다닐 때 좋아하던 여학생과 어떻게 사이가 틀어져 버린 이후 그것이 내 초라한 행색 때문이라고 생각해서 중학교 내내 열등감에 시달리기도 했다. 또 고시 공부를 할 때까지도 옛날 지주 집안 아이들과 패거리를 지어 우리 집을 박해했던 깡패 몇몇에 대해 반드시 보복을 하겠다는 생각을 가지고 있기도 했다. 어찌 된 일인지 이 생각은 고시에 합격하면서 그만 눈 녹듯이 사라져 버리고 말았지만…….

그리고 중학교 때 고등학교 진학을 포기하려 한 일이나 고등학교 때 대학 진학을 포기해 버린 것도 그런저런 부담에서 도피하고 싶었던 게 아닌가 생각될 때도 있다. 요즈음 입지전적 인물이라는 말을 들을 때마다 그 시절 나보다 훨씬 더 큰 어려움 때문에 진학을 포기한 사람들의 이야기가 떠올라 부끄러워지곤 한다.

나의 이러한 반항과 열등감, 그리고 좌절은 어머니의 한이라기보다는 주로 일상적으로 겪었던 환경의 영향 때문이라고 생각된다. 하지만 어머니의 이야기가 적지 않은 영향을 미쳤던 것 역시 부인할 수 없는 사실인 듯싶다. 그리고 영향이 있었든 없었든 간에 그것은 나의 성장기 내내를 지배했던 고통스러웠던 기억으로 남아 있다.


"야, 인마. 우리 자랄 때는……" 하면서 옛날이야기를 내세워 아이들을 닦달하는 것이 통하지 않는 세상인 것 같다. 이미 세상은 달라졌다. 아이들이 보고 듣고 경험하는 세상은 우리가 살았던 세상과는 달라도 엄청나게 다르다. 찢어진 고무신을 기워 신던 이야기, 학교에서 기성회비를 내지 못해 쫓겨 오던 이야기, 크레용을 빌려 쓰던 이야기, 그런 이야기가 아이들에게 교훈이 될 세상은 아닌 것 같다.

그렇다고 아이들에게 아무런 교육도 하지 말자는 이야기는 아니다. 오늘날의 세상에 맞게 건전하고 모범적인 시민이 되도록 가르치는 일은 잊지 말아야 할 것이다. 나는 목욕탕에 가서 샤워 물을 끝도 없이 흘려보내는 발육 좋은 아이들을 보면 그만 가슴이 답답해진다. 같이 가던 친구들이 불량배들에게 끌려가는데도 친구를 내버려 두고 비실비실 피해서 집에 가 버린다는 아이들 이야기를 들을 때도 그 아이들의 부모들이 한심스럽다.

옛날 우리가 자랄 때는 그저 먹고사는 것이 큰 문제였다. 독재니 부정부패니 빽이니 하는 것 외에는 사회문제도 별로 없었다.

그러나 오늘날은 혼자 잘 먹고 잘사는 문제는 대충 해결된 대신에 환경 파괴, 쓰레기, 소비자 문제, 청소년 범죄, 마약, 에이즈 등 사회문제가 심각해졌다. 이제 우리나라만의 문제가 아니라 전 인류가 기아와 질병, 전쟁의 공포, 자원의 고갈, 환경의 파괴, 도덕의 타락 등 위기에 직면해 있다.

이젠 개인의 문제보다 공동체 의식과 시민 정신을 교육해야 할 때가 아닐까. 옛날이야기가 아니라 미래의 문제, '나'의 문제만이 아니라 '우리 모두'의 문제를 이야기해야 할 때가 온 것 같다.

아내는 아이들 양육에 관하여 자기 공치사나 하고 나는 아무것도 하지 않았다고 구박이지만 사실 나는 큰 몫을 하고 있다. 꼭 공부해라, 운동해라, 나쁜 짓 하지 마라, 그 버릇 고쳐라, 닦달질해야 아이들 교육에 기여하는 것은 아니다. 나처럼 가만히 있어도 큰 일 하는 수도 있다.

나는 아이들로부터 존경받는다. 그리고 아이들에게 수치감을 준 일도 없다. 아이들은 나를 잘 이해하고 있다. 우리 아이들은 조금 모자라는 듯한 아버지를 보고 걱정해 줄 줄 아는 재미도 있다.

아이들이 존경하는 아버지, 그것보다 더 좋은 교육이 있을까? 왜 존경하는가, 그 이유를 설명하자면 내 인생 전부를 다 설명해야 할 것이다. 그러나 한 사람의 인생, 인격 전부를 어떻게 말로 설명할 수 있겠는가. 그냥 그렇다. 다만 나는 나 때문에 아이들을 수치스럽게 만든 일이 없다는 것만은 분명하게 말할 수 있다.

내가 한때 감옥에 들어갔을 때 그 일이 텔레비전에 보도되자 어머니는 동네 사람 부끄러워 못살겠다고 한탄하셨다. 그런데 내가 형사들에게 잡혀가는 날 아이들은 무덤덤했다. 부끄러운 일 한 적 없으니 마음 부끄럽게 생각하지 말라는 내 당부에 담담하게 고개를 끄덕였다.

며칠 뒤 경찰서에 면회를 와서는 형제간에 장난을 치고 까분다. 나를 위로하느라 그랬는지 모르겠다. 당시 한 놈은 중학교 2학년, 한 놈은 초등학교 6학년이었다. 아내가 선생님 말씀을 들어 보아도 아이들이 전혀 기가 죽지 않더라는 것이다. 텔레비전, 신문이 내 구속 이야기로 온통 야단법석이었는데도…….

아이들이 납득할 수 있는 아버지, 존경하는 아버지, 나는 그것이 자녀 교육에 가장 중요한 일이라고 생각한다. 세상 여건이 어렵더라도 그래서 당장 어쩔 수 없는 경우가 있더라도, 적어도

고민을 하는 자세는 필요할 것 같다. 적어도 아이들한테 위선만
은 보여 주지 않도록…….

요즈음 교육에 관하여 이야기가 나오면 대화를 많이 하라고 한
다. 정말 중요한 일이다. 그러나 대화를 많이 한다는 것이 이야기
횟수나 시간이 많아야 한다는 뜻은 아니라고 생각한다.

　오히려 서로의 세계를 이해하고 인정할 줄 아는 정서의 교감
을 의미한다고 생각한다. 나는 어떤 때는 며칠씩 아이들 얼굴을
못 볼 때도 있다. 그러나 나는 대화가 부족하다고 생각하지는 않
는다. 그래서 보통은 심각한 이야기들이 없다.

　"야 인마, 아버지는 선거운동 하느라고 이 고생인데 너도 학
교에 가서 좀 거들어라."

　"아버지, 우리 학교는 PD파라서요. 김대중 씨를 별로 좋아 안
해요."

　"그럼 인마, 백기완 선생 선거운동이라도 하고 다녀라. 이 중
요한 시기에 가만있어서 되나."

　"그것도 싫어요. 나는 아버지 편이에요."

　"야, 너 요새도 그 아이 만나냐?"

　"아버지, 그건 왜 물어요?"

　"그야 궁금하니까 묻지. 근데 그 아이 예쁘냐?"

　"아뇨, 그건 문제가 아닌데 성격이 특이해서 걱정이 돼요."

　"성격이 어떤데?"

　"그건 이야기가 길어요. 아직 이야기하고 싶지도 않고요."

　"엄마보다는 예쁜 아이하고 사귀어라. 아버지는 엄마가 심지

가 굳은 데 반해서 결혼했는데, 지금 생각해 보니 억울하다."

대개 이런 식이다. 내가 의도를 가지고 하는 이야기는 주로 옛날에 실수한 이야기, 잘못한 이야기들이다. 실수한 이야기가 배울 것도 많고 설득력도 있기 때문이다. 나머지는 보고 배운다. 아이들 교육에 위선만큼 해로운 것도 없을 것이다.

오래전부터 나는 아이들 장래 문제를 놓고 혼란에 빠져 있다. 나는 변호사라는 전문직을 가지고 있다. 남 보기에 그럴듯한 직업이다. 그런데 힘드는 일이 많다. 그중에서도 숙제가 너무 많다.

그날그날 일이 끝나는 것이 아니고 한번 시작한 일은 오랜 기간 동안 이어지니 머릿속은 밤낮 일로 가득 차서 도저히 쉴 수가 없다. 밥 먹을 때나 화장실 갈 때도 일 생각이고 등산을 가면서도 문득 일 생각이 따라붙는다. 실제로 집에 와서도 일을 할 때가 많다.

아이들한테는 이렇게 숙제가 많은 일을 시키고 싶지 않다. 그런데 세상에 인정깨나 받고 대우깨나 받는 일 치고 그렇지 않은 일이 없는 것 같다. 그래서 오래전부터 아이들에게 대우 받고 인정받는 일 말고 아주 평범한 직업을 갖고, 그 대신 여가를 활용해서 보람 있는 일을 해 보라고 권하기도 한다.

그런데 아이들은 얼른 받아들일 생각이 없는 모양이다. 하기는 나도 확신이 없는 일이다.

옛날 알렉산더 대왕은 소년 시절 아버지가 영토를 하나 더 늘릴 때마다 자기가 정복할 영토가 없어진다고 울었다는 이야기가 있다.

우리 아이들이 그런 야망을 가지고 있는 것 같지는 않지만, 그래도 내가 이름이 떠들썩하게 나는 것이 부담스럽지 않은가 싶어 아이들에게 미안한 마음이 든다. 적어도 내 경험으로는 가난하고 빈약한 가정에서 태어나서 이만한 성취를 한 것이 특별히 보람 있게 생각되기 때문이다.

다시 말하자면 내가 집안이 내로라하는 형편 좋은 집안에서 나서 자랐다면 지금과 같은 지위에 있더라도 성취감과 보람은 지금보다 훨씬 못했을 것이고, 그런 이치라면 내가 이름이 더 나면 더 날수록 아이들에게는 성취의 보람을 뺏는 결과가 될까 봐 미안하다는 뜻이다.

그런 의미에서는 내 아이들은 나와는 전혀 다른 길을 갔으면 싶다. 그리고 세상도 많이 달라져서 정치가 차지하는 비중이 점점 줄어들면 좋겠다.

보다 좋은 세상을 위하여, 그리고 우리 아이들을 위하여······.

# 르망과 콩코드, 그리고 자전거

나는 정치인으로서는 퍽이나 행운아이다. 그리고 의욕도 강하고 보람을 느낀다. 그러나 반면에 의욕이나 보람만큼 항상 고통이 따른다. 때로는 고통이 보람보다 클 때가 있고 그럴 때는 정치를 그만두고 싶은 충동에 흔들리기도 한다.

정치를 처음 할 때는 보람보다 고통이 컸던 것으로 기억된다. 당시에는 내가 정치를 계속하겠다는 확고한 의지를 가지고 있지 않았기 때문이었던 듯싶다.

그런데 3당합당 이후 정치를 계속하겠다는 결심을 하고부터는 그 이전보다 어려움은 더 컸지만 보람도 더 커져서 항상 의욕에 차 있었다.

그런데 요즈음 또다시 감당하기 힘든 고통들 때문에 힘들어하고 있다. 요즈음 일어나는 몇 가지 일들이 그래도 좋아질 것이라는 신념을 흔들어 놓고 있기 때문이다. 일상적인 어려움이란 돈, 손가락질, 정치에 대한 잘못된 인식 등 대체로 이런 것들이다. 돈 이야기는 복잡한 만큼 따로 이야기하기로 하고 먼저 '손가락질'에 대해 이야기를 해 보자.

나는 가끔 강연을 가면 이런 농담을 하곤 한다.

"여러분! 여러분은 정치인이 깨끗하기를 바랍니까? 열심히 일하기를 바랍니까? 겸손하기를 바랍니까? 그렇다면 돈도 탐내면 안 되고 밤늦게까지 일을 해야 하고 목에 힘도 주면 안 되겠네요?"

　이렇게 말하면 사람들은 모두들 "예" 하고 대답한다.

　"그러면 누가 징치하려고 하겠습니까? 무슨 재미로 정치를 하겠습니까? 여러분 같으면 정치하겠습니까?"

　사람들은 갑자기 어리둥절해진다. 그리고 나는 그쯤에서 말머리를 돌린다.

　"여러분, 그래도 정치하려는 사람은 항상 넘칩니다. 우리는 이 문제를 놓고 정말 깊이 생각해 보아야 합니다. 그렇지만 복잡한 문제는 나중에 생각하기로 하고 칭찬 받는 재미라도 있어야지요. 박수나 한번 크게 쳐 주십시오."

　얼마 전부터 신부와 정치인이 함께 한강에 빠져 있으면 정치인을 먼저 건져 낸다는 농담이 유행하고 있다. 정치인이 빠져 죽으면 한강물이 오염되기 때문이란다. 웃기느라 하는 소리라 따라 웃으면서도 마음은 따라 웃을 수가 없다.

　한번은 어떤 청년의 주례를 선 다음 그 청년의 친구들과 차를 한잔 마시고 있는데, 그중의 한 청년이 불쑥 나에게 질문을 던졌다.

　"의원님, 며칠 전에 가든호텔 앞에서 보니까 르망 승용차에서 내리시던데, 그거 진짜입니까?"

　처음에는 말뜻을 얼른 알아듣지 못해 어리둥절했으나 나중에 뜻을 알아듣고 보니 정말 씁쓸했다.

　정말 돈이 없어서 르망을 타는 것이냐, 아니면 위선을 부리는 것이냐는 뜻이다.

　당시 나는 콩코드를 타고 다녔는데, 그날은 아침 7시부터 회의가 있었다. 운전기사를 너무 일찍 나오게 하기가 미안했던 나는 기사더러 9시쯤에 호텔로 바로 나오라고 해 놓고는 아내에게 데려다 달라고 부탁을 했던 것이다.

어느 나라에서든 정치하는 사람들이 그다지 존경을 받지 못하고 있다는 사실은 익히 알고 있었지만, 막상 그런 질문을 받고 보니 한순간에 맥이 풀어지고 말았다.

왜 이렇게 된 것일까?

첫째는 정치인들의 잘못이고, 둘째는 정치에 대한 일반의 오해 때문이며, 셋째는 잘못이나 오해는 없었지만 사람 사는 세상에는 항상 서로 이해되지 않는 부분이 있을 수밖에 없기 때문이다.

역사를 돌이켜 보면 수천 년 동안 권력자는 백성을 속여 왔고 백성들은 속아 왔다. 그러다가 민주주의가 싹트면서부터는 국민들을 속이려는 정치인과 속지 않으려는 국민들 사이에 싸움이 시작되었다. 그리고 그 싸움은 지금도 계속되고 있다.

민주주의가 앞선 나라는 국민들이 정치인들의 속셈과 행동을 잘 들여다보고 속이지 못하도록 비교적 통제를 잘한다. 그런데 민주주의 후진국으로 갈수록 그것이 잘 안 된다. 그리고 그럴수록 정치에 대한 불신도 높다. 그러니 정치를 하는 동안 불신과 손가락질을 숙명으로 알고 감수해야 할 일인지도 모른다. 물론 정치인이 우선 잘해서 불신을 받지 않도록 해야겠지만······.

지난번 14대 선거 때 부산 영도에서는 불법 흑색 유인물이 나돌았다. 김정길 의원이 야구방망이를 들고 타격 자세를 취하고 있고 그 뒤에 김대중 대표가 감독으로 서서 '정길아, 잘해라이' 하니까 김정길 의원이 '선생님, 걱정 마이소. 내가 누굽니까?' 하고 대답하는 그림이었다. 지역감정을 부추기는, 참으로 치사한 그림이었다.

낙선을 각오하고 지역감정에 정면 대결하는 사람에게 차마 어떻게 그런 공격을 할 수 있을까? 나는 그 유인물의 출처가 그 선거에서 당선된 민자당 의원의 진영에서 나온 것으로 믿고 있다.

그런데 얼마 전에 보니 우리 당 의원 몇 사람이 '깨끗한 정치' 선언을 하는 자리에 그 사람이 끼어 있는 게 아닌가! 억장이 무너지는 일이었다.


얼마 전 대구 보궐선거에서 당선된 한 의원이 자전거를 타고 다니겠다고 선언한 일이 있었다. 나는 그 기사를 보는 순간, '아차, 저 사람 실수하는구나' 싶었다. 나도 처음 당선되었을 때에는 자가용 없이 버티어 보려고 마음먹었다가 여의도 안에서 택시 잡느라 30분이 넘게 이리 뛰고 저리 뛰기를 몇 번 해 보고 나서야 잘못된 것임을 깨달았던 일이 있었다.

그랬던 경험이 있었던 만큼 나는 그 선언을 지켜보면서 '나중에 뒷감당을 어떻게 할까?' 하는 걱정만 했을 뿐 그분의 선의를 의심하지는 않았다.

그런데 며칠 후 한참 선배 되는 어떤 의원이 기자들을 불러 놓고 자전거 출근을 하는 쇼를 벌이는 것을 보고는 마음으로 분개하지 않을 수 없었다.

그래서는 안 되는 일이었다. 그 초선 의원이야 겪어 보지 않아서 그런 궁리를 냈다 하더라도 알 만한 선배라면 더 이상 실수를 하지 않도록 말려야지 그를 이용해서 쇼를 하다니……

그 뒤로 나는 자전거를 타고 다니는 의원들을 본 일이 없다. 그러니 국민들이 정치인을 불신하는 것이다.

국민들이 정치를 불신하게 만든 일 중에 가장 큰 사건은 YS의 3당합당이 아닐까 싶다.

그런 면에서는 나도 옛날에 한 번 사표를 냈다가 거두어들인 일이 있으니, 이렇게 말을 하면서도 스스로 미안하고 부끄러운 마음을 감출 수 없다. 다만 나는 당시 사퇴를 번복하면서 솔직히 잘못을 시인했을 뿐, 아무런 변명도 붙이지 않았다는 사실을 밝혀 두고 싶다. 경솔하기야 했지만 거짓말을 하지는 않았다.

어떻든 앞으로는 우리 정치하는 사람들이 더 이상 거짓말을 하지 않도록 했으면 좋겠다. 그러나 궁극적으로 정치인들이 거짓말을 못하게 하는 일은 언론과 국민의 책임이라는 이치도 국민들이 깨달아 주었으면 하는 바람이다.


정치에 대한 언론과 국민들의 잘못된 인식도 우리를 어렵게 만든다.

얼마 전 어느 방송은 서울 시장 후보로 거론되는 사람들의 이름을 일제히 내놓고는 김칫국부터 마신다느니, 너무 일찍 선거를 과열시킨다느니 하면서 모욕을 주었다.

'과열'이라는 말은 옳지 않은 표현이다. 과열이라니? 서울 시장 후보라는 사람들이 누구의 생업에 지장이라도 주었다는 말인가, 아니면 시민 생활에 불편이라도 주었다는 말인가?

정치 활동은 국민의 기본권이다. 선량한 풍속, 사회질서와 공공복리를 침해하지 않는 한 누구도 제한할 수 없다.

뿐만 아니라 서울 시장은 서울시의 살림을 책임지는 중요한 자리이다. 누가 어떤 사람인지 알리고 알아보고 뽑아야 한다. 그러자면 한 1년 전부터 후보로 나올 사람이 떠올라야 관심 깊게 읽고 듣고 물어도 보고 의논도 해 두었다가 올바른 결정을 내릴 것이 아닌가.

원래 정치에서는 '과열'이라는 말이 없었다. 군사정권이 들어서면서부터 자기들은 돈과 행정조직을 이용해서 선거를 치르면서 야당의 입과 발을 묶기 위해서 만들어 낸 용어이다.

그런데 언론은 법도 모르고 정치도 깊이 생각해 보지도 않고 욕부터 먼저 한다. 그것도 김칫국 마신다느니 하는 따위의 모욕까지 한다.

또 선거와 관련하여 '몇 년 동안 지역구를 발로 누빈다'는 이야기를 칭찬하는 말처럼 인용하는 보도를 많이 보게 된다. 등산길, 약수터, 목욕탕, 초상집 문상, 주례……

그러나 이는 칭찬할 일이 아니다. 내가 국회에서 일을 해 보니 휴가 한 번 안 가고 죽어라고 일을 해도 할 일이 태산같이 밀렸고 지나고 나서 보니 아무것도 해 놓은 일이 없었다.

그런데 지역구에서 악수나 인사를 하고 다니는 것이 잘하는 일이란 말인가. 하루에 100명씩 4년을 꼬박 악수를 하고 다녀도 유권자 15만 명을 다 만날 수가 없다.

여론 수렴을 위해서, 그리고 다음 당선을 위해서 부득이 지역구 인사를 게을리할 수 없는 것이 현실이라 하더라도, 그것을 잘하는 일이라 부추기거나 그런 일을 열심히 하지 않는다 하여 비난하는 관행은 없어져야 정치가 잘되어 갈 것이다.

지역 발전 논리도 마찬가지이다. 예산 국회 때 신문을 보면 지역구 예산에 신경 쓰는 국회의원을 비난하는 기사가 나온다. 그러나 선거 때가 되면 또 지역개발 논리가 당연한 것처럼 소개되어 나온다. 앞뒤가 맞지 않는 일이다.

지역구 국회의원이 지역의 이익을 지키기 위해 노력하는 것은 당연한 일이지만, 그러나 균형을 깨뜨리면서까지 예산 싸움을 하는 것은 역시 나라 살림을 망치는 일이다.

그런데 그보다 더 큰 문제는 지역구 사업 공약이 대부분 거짓말이라는 점이다. 지역에서 시행되는 사업은 대체로 몇 년 전부터 추진된 계획에 따라 집행되는 것이지, 국회의원이 하는 일이 아니다. 그런데도 무슨 공사가 준공만 되면 국회의원들이 앞다투어 플래카드를 내걸고 공치사를 하니 이것은 말도 되지 않는 이야기이다. 지난번 선거 때 어떤 국회의원의 선거 팸플릿을 보았더니, 등기소에서부터 아파트 업자가 닦아 놓은 아파트 진입로에 이르기까지, 자기 임기 동안 시행된 모든 건설공사 수십 건의 사진이 몽땅 실려 있었다. 참으로 기막힌 거짓말이다.

그런데 더욱 안타까운 것은 내가 굳이 이렇게 말을 하지 않더라도 이런 사실들을 다 알 만하고 또 실제로 알고 있는 사람들이 선거 때만 되면 또다시 같은 속임수에 넘어간다는 사실이다.

정치인과 정치 활동에 대한 이런 인식 때문에 정치를 제대로 해 보려는 사람들은 정말 어렵다.

그보다도 정말 정치를 힘들게 하는 것은 희망과 신념이 흔들릴 때이다. 나는 지금 그 희망과 신념이 크게 동요되고 있는 것을 느끼고 있다.

나는 3당합당 당시 정치를 그만둘 결심을 하고 합류를 거부했다. 그런데 그 이후 정치를 계속하게 된 것은 김정길 의원에게 어물어물 끌려들어 간 탓도 있었지만, 차마 버릴 수 없는 오기와 포부가 있기 때문이기도 했다.

줄을 잘 서지 않으면 살아남을 수 없다는 기회주의의 시대, 나는 그러지 않고도 살아남을 수 있다는 본보기를 만들고 싶었다.

그래서 나는 부산을 떠나라는 친지들의 권유를 물리치고 부산에서 출마를 했었다. 그리고 나는 패배했다. 그리고 그것은 예상했던 일이라 크게 힘이 빠지지는 않았었다.

그런데 YS가 대통령이 되고 난 다음 나로서는 견디기 어려운 일이 벌어졌다.

그때까지 YS의 3당합당을 잘못된 일로 비난하면서 내가 따라가지 않은 것을 용기 있는 행동으로 칭찬해 주던 재야인사들이 하나둘 민자당으로 들어가더니 나중에는 민자당으로 들어가야 한다는 논의가 공개적으로 나오기 시작했다.

나는 당시 심한 배신감과 좌절감을 느꼈다. 희망도 신념도 흔들렸다. 과연 어느 것이 옳은가?

김영삼 정권이 인기가 떨어지면서 그 바람도 지나갔는가 싶었는데, 이번에는 또 새로운 사건이 나를 실의에 빠지게 한다.

야권통합 이야기, 그리고 현경자 씨의 당선이다.

어느 날 텔레비전에서 김동길 의원과 박찬종 의원이 현경자 씨 양쪽에 서서 선거운동을 하는 장면이 나왔다. 그 장면을 보면서 나도 모르게 '좌찬종, 우동길인가?' 하는 냉소가 새어 나왔다.

얼마 전까지 그들이 하던 말을 완전히 뒤엎은 것이다. 박찬종 의원이 대통령에 출마했던 것이 그 인기로 박철언 씨를 복권 시키자는 뜻이었던가?

그러나 그들이야 원래 나와는 별 관계가 없는 사람들이다. 그러나 그 얼마 전에 민주당이 현경자 씨를 공천하려 한 것이나 지금 그들과 통합을 하려고 하는 것은 남의 일이 아니다.

통합은 민주당의 당무 회의에서 결정된 방침이고 지금도 통합 교섭은 은밀히 진행되고 있다.

5공 판을 짤 때 주역 노릇을 한 사람, 재벌을 대통령 만들어야 한다고 나섰던 사람, 우리 당을 버리고 나가서 이 당 저 당 옮겨 다닌 사람, 재산 공개 때 문제가 되어 민자당에서 출당된 사람, 그리고 박철언 씨와 그의 손을 들어 준 사람…….

대체로 민주주의와 법을 짓밟았거나 도덕적으로 문제 있는 사람, 민주당의 노선과는 맞지 않는 사람들, 그리고 당당한 승리자들이 아니라 권력투쟁의 소용돌이에서 패배하여 밀려난 사람들이다.

이런 사람들과 당을 같이하게 될 가능성을 앞에 두고 있다. 나는 당무 회의에서 반대했으나 24 대 2로 밀리고 말았다.

내가 3당합당 때 왜 남았던가. 이들과 당을 함께하려고 남았던 것은 아니었다.

이제 전당대회에서 싸워 볼 기회가 있기는 하겠지만 대세를 뒤집을 수 있을지 자신이 없다.

결국 통합이 되면 어떻게 해야 할까. 어떤 사람은 남아서 다시 당내에서 싸워야 한다고 말한다.

아직 나는 줄을 서지 않아도 살아남을 수 있다는 증명을 남기고 싶다는 포부를 버리지 않고 있다. 그러나 신념은 흔들리고 있다.

과연 정치에서 옳고 그른 것은 무엇인가? 옳고 그름이 없다면 굳이 내가 정치를 해야 할 이유는 무엇인가?

# 제 후원회 전화번호는요

정치에서 돈은 필수 불가결한 것이다. 제아무리 유능한 사람이라도 돈이 없으면 아무 일도 할 수 없다. 그러나 정치인이 돈을 자칫 잘못 만지면 패가망신을 한다.

부정한 돈을 받아서는 안 되고, 부정하지 않은 돈이라도 합법적인 절차에 따라서 받아야 하며, 그것도 법에 정해진 금액 이상을 받아서는 안 된다. 그리고 함부로 써서도 안 된다.

14대 국회 초기에 초선 의원 몇 사람이 '깨끗한 정치' 선언을 해서 국민의 박수를 받은 바 있다. 그 후 김영삼 대통령이 깨끗한 정치를 만들겠다며 선언도 하고 재산 공개도 하는 한편, 선거법도 고쳐 국민들의 기대를 모으고 있다.

국민들은 '과연 정치가 깨끗해질까?' 하며 기대 반 불신 반으로 지켜보고 있다. 과연 얼마나 깨끗해질까? 결론부터 말하면 이전보다는 훨씬 나아질 것이다. 그러나 아직 많은 문제점이 남아 있다.

과연 정치인은 돈이 얼마나 필요할까? 대충 따져 보면 의정 활동비, 지구당 활동비, 조직 활동비, 의례적인 인사치레비, 기타 일상 정치 활동비이다.

각 액수에 관하여는 신문에 여러 차례 보도된 바 있으나 워낙 대중이 없고 차이도 많아 기준이나 적정선을 가늠하기 어렵다. 지역구의 성격이나 활동의 수준, 정치적 입지에 따라 규모가 다를 수밖에 없고 아직 합법적으로 인정되기 어렵지만 피할 수 없는 지출도 있기 때문에 신문에 보도된 내용을 그대로 믿기도 어려울 것 같다.

먼저 의정 활동비를 보자.

국회의원이 되면 5명의 비서진, 15평 정도의 회관 사무실, 의원 세비, 우표, 자동차 기름, 사무실 운영비 등을 모두 합하여 매월 약 1,300만 원의 경제적 지원을 받게 된다.

세비 중에는 생활비도 포함되어 있을 것 같은데, 실제로는 좀 열심히 하는 사람이면 의정 활동에 돈을 쓰느라 생활비에 들어갈 돈이 없다. 그래서인지 국회의원 중에는 부업을 하는 사람이 많다.

내가 국회의원을 할 때는 4명의 비서진을 주었는데, 우리 비서들은 자기들끼리 의논하여 월급을 쪼개어 두세 명의 비서를 더 썼다. 그래도 항상 손이 모자라 밤늦게까지 일하기도 하고 아르바이트를 쓰기도 했다. 세비의 절반은 내가 호주머니에 넣고 다니며 쓰고 나머지 절반은 사무실 운영비로 주었다.

지금은 낙선을 했기 때문에 세비도 사무실도 비서진도 지원받지 못한다. 그러나 활동을 중단할 수는 없어서 '지방자치실무연구소'라는 연구소를 만들어 10여 명의 연구원들과 함께 일하고 있다. 현역 의원들의 후원금과 연구소 이사들의 회비로 꾸려 가고 있는데, 아무래도 모자라서 나는 여기저기에 손을 벌리며 다니고 있다. 그러나 아무래도 가장 큰 힘은 월급은 절반으로 받으면서 일은 배로 하는 우리 연구원들의 헌신적인 노력이다.

다음은 지구당 관리비이다.

내가 들은 이야기 중에 지구당 운영비를 가장 많이 쓰는 경우는 월 3,000만~4,000만 원 정도이다. 어떤 경우는 지구당에 70여 명의 유급 직원을 두고 있는 경우도 있었다고 들었다. 실제로 그렇다면 그 비용은 정말 엄청난 것이다.

그러나 보통은 그에 훨씬 못 미친다. 특히 야당의 경우는 어림도 없는 이야기이다. 그러나 사무실 하나라도 열고 있으면 최소한 월 500만 원 정도는 들어야 하지 않을까 싶다. 1,000만 원쯤 들면 상당히 잘할 수 있을 것이다. 많은 돈인 것 같으나 보통 지역 구민에게 편지 한 번 보내는 데 1,000만 원 정도가 드는 실정이니 그리 많은 돈이라고 보기는 어렵다. 나는 지금 부산시 지부와 지구당을 합해서 월 500만 원 정도로 꾸려 가고 있다.

다만 앞으로 국민들의 의식이 달라지고 정당에 대한 자발적인 참여도가 높아지면 이 비용은 많이 줄어들 수도 있을 것이다.

그 밖에는 일반 정치 활동비를 들 수 있다.

이 부분은 장단기의 정치적 목표와 당내의 입지에 따라 현저히 달라지므로 윤곽조차 말하기 힘들다. 이미지 관리, 일상적 홍보 활동과 전략 기획, 정책 연구, 참모와 자문 조직의 유지 및 운영, 조직과 인맥의 훈련 및 관리 등등 다 헤아리기도 어렵다. 그리고 최고위원은 민주당의 경우 원내는 월 200만 원, 원외는 월 100만 원의 당비를 내야 한다. 부끄럽게도 나는 1년이 넘게 그 돈을 내지 못하고 있다.

돈 문제를 생각하면 정치하기가 두려워지기도 한다.

그동안 우리나라의 대통령 선거에는 엄청난 자금이 동원되었다. 지난 대통령 선거에서도 어느 쪽이나 엄청난 돈을 쓴 것은 사실이다. 정주영 씨야 그 일부가 문제가 되어 재판을 받고 있지만 깨끗한 정치를 주도하고 있는 김영삼 대통령도 엄청난 돈을 쓴 것은 공지의 사실이다. 비밀은 비밀인데 하도 비밀 같지 않아서 사람들은 별 관심도 없는 것 같고 불법이 명백한 일인데도 시비 걸고 따지는 것이 오히려 우습게 보이는 형편이다.

그러나 이제 선거법도 달라지고 했으니 차츰 달라질 것이다.

내가 진짜 불안하게 바라보고 있는 것은 억만장자들의 위력이다. 미국에서는 지난번 대통령 선거 때 로스 페로가 돈의 위력을 보여 주었다. 정말 굉장한 위력이었다.

지난해에는 이탈리아에서 억만장자인 베를루스코니가 신당을 만들어 선거에 돌풍을 일으키면서 집권하여 수상이 되었다. 그리고 그는 파시스트를 신봉하는 국민연합, 지역주의의 북부동맹과 손잡고 극우 정권을 수립한 후 치안 판사들의 권한을 축소하고 포고령을 발포하여, 전 세계의 주목을 받고 있는 마니 풀리테 운동 즉 부패 추방 운동을 짓밟으려 하고 있다.

돈은 이처럼 무서운 것이다. 당시 정주영 후보를 지지하던 사람들은 이런 사실을 알고나 있는지 모르겠다.

앞으로 우리도 정치 비용을 될 수 있으면 줄어야 할 것 같다. 선거법이 바뀌어 선거비용은 훨씬 줄어들 것 같다. 지난번 보궐 선거를 치러 본 사람은 이제 선거 때 돈을 쓰는 것은 불가능하게 된 것이 틀림없다고 말한다. 김영삼 대통령이 하는 일 중에 가장 잘한 일인 듯하다.

다만 이제는 선거 기간에 돈을 쓰지 못하는 대신 평소에 일상적으로 돈을 쓰는 사람이 나오지 않을까 두렵다. 아직 선거법이나 정당법으로는 정당의 일상 활동 과정에서 돈을 쓰는 것까지 다 봉쇄할 수는 없다. 앞으로 고쳐야 할 일이다.

　내 생각으로는 우리나라가 특히 정치 비용이 많이 드는 나라인 것 같다. 앞으로 더 줄여야 할 일이나, 당분간 쉽지 않은 것 같다. 한국의 특유한 풍속과 정서 그리고 낮은 정치 참여도 때문이다.

정치뿐 아니라 일상생활에서도 우리나라에는 손님 접대가 후하고 각자 계산을 쩨쩨한 일로 친다. 그러니 초대한 사람은 언제나 음식을 대접해야 하고 음식 값은 초대자가 전담해야 한다. 그런데 정치하는 사람은 끊임없이 사람을 만나야 하고 떼거리로도 자주 만나야 하니, 결국 돈이 없으면 활동이 위축될 수밖에 없다. 그 외에도 각종 경조사에 인사를 빠뜨리면 싹수가 없는 사람이 되니 그로 인한 지출도 정치인의 부담을 늘린다.

　게다가 옛날 습관이 있어서 중앙당에서조차 대표가 돈을 잘 쓰지 않는다고 불평을 하는 사람이 많고, 심지어는 대표 선거운동 과정에서조차 공격거리가 되는 형편이니, 지구당에서야 오죽하겠는가. 특히 농촌에 지구당을 둔 사람은 어려움이 많을 것이다.

　나의 경우는 지구당 관리에는 지금까지는 눈 딱 감고 맨입으로 밀어붙였다. 추석이나 설 같은 명절에도 가까운 몇몇 당원에게조차 선물 하나 보내지 못했다. 앞으로가 걱정이다.

　지난 최고위원 선거 때는 음식 대접을 하지 않기 위해 아예 음식점에서는 사람을 모으지 않았다. 그런데도 조직 운영비에 6,000여만 원이 들었다.

선거 때는 두 번 다 중앙당 지원금을 많이 받아서 선거를 치렀던 탓에 빚을 진 일은 없다. 그 대신 일상적인 연구 활동에 돈을 많이 쓴다.

정치인이 합법적으로 조달할 수 있는 돈은 당원의 당비, 정치자금법에 따른 후원금, 중앙당 지원금, 그리고 자기 돈뿐이다. 그런데 보통은 자기 돈을 쓰면 본전을 뽑으려 할 것이니, 이를 바람직한 정치자금이라 하기 어려울 것이다. 결국 당비와 후원금, 중앙당 지원금이 주된 자금원이 된다.

지구당은 당원의 당비로 운영하는 것이 원칙일 것이다. 그러나 야당의 경우 당비로 운영되는 지구당은 거의 없다. 당비는 커녕 당원이 되는 것조차 꺼리는 사람이 많은 실정이기 때문이다. 특히 지지도가 낮은 지역에서는 더욱 그렇다. 그러다 보니 중앙당에서 매달 150만 원씩을 지원해 준다. 중앙당의 자금은 주로 국고보조금에 의존하고 있으니 국민들에게 미안하고 부끄러운 일이다. 장차는 지구당에서 당비를 걷어서 중앙당으로 보내는 것이 우리들의 소망이다.

야당은 후원회도 어렵다. 돈을 낼 만한 사람은 공공연히 이름을 내놓고 야당을 후원하기를 꺼리기 때문이다. 실제로는 선거관리위원회의 감사 이외에는 공개되지 않고, 선거관리위원회도 비밀을 완전히 지켜 주기 때문에 노출될 일은 없으나 여전히 불안해한다. 그러다 보니 야당 정치인의 경우 월 5,000원이나 1만 원을 내는 소액 후원자가 대부분이다.

나의 경우는 800여 명의 후원 회원이 매월 200만~300만 원을 보내 준다. 그중에는 매월 꼬박꼬박 보내 주는 사람들도 있고 몇 달에 한 번, 일 년에 한 번 보내 주는 사람도 있다. 언뜻 보면 너무 적은 것 같으나 신문 값, 전기료 고지서를 받아도 한 달이 너무 빨리 돌아오는 것 같아 짜증스러운데, 한 번 만난 일도 없는 사람에게 대가 없는 돈을 매달 보낸다는 것은 여간 성의가 아니고는 어려운 일일 것이다.

그런데 엄밀히 따지면 이것도 위법이다. 정치자금법은 후원 회원의 수를 300명 이내로 제한해 놓고 있으니 나는 회원 숫자를 초과한 셈이다. 법을 왜 그렇게 만들어 놓았는지 알 수가 없다. 민자당이 우겨서 그렇게 되었다고 한다.

결국 돈은 턱없이 모자란다. 모자라는 돈은 어떻게 조달하는가. 친지와 선후배들의 몫이다. 시도 때도 없이 전화하고 만나자 해서 손을 벌린다. 내가 여당이라면 후원회에 가입해서 세금 공제 혜택도 받으면서 돈을 낼 수 있을 텐데, 야당 정치인이고 보니 그렇게 되지 않는다. 그러나 이것도 정치자금법대로 말하면 위법이다.

법도 법이지만 그렇게 돈을 조달한다는 것이 매우 고통스럽다. 돈은 떨어지고 누군가에게 전화를 하긴 해야겠는데, 낮에 전화를 하자니 통화가 되기도 어려울 뿐만 아니라, 비서들이 전화를 받게 되니 눈치를 챌까 신경이 쓰인다. 그렇다고 저녁에 집에 와서 전화를 하자니 우리 식구들 눈치가 보인다. 아침 일찍 집으로 전화를 하는 게 통화의 확률도 높고 좋은데, 아침부터 기분을 잡치게 하는 것 아닌가 싶어 또 망설여진다. 수화기를 들었다 놓았다 할 때의 심경은 참으로 참담하기조차 하다.

그래서 후원회를 조금 더 넓혀 보려고 노력하지만 잘 안 된다. 고시 공부를 혼자 했고 변호사 된 다음에도 사교의 범위를 넓히기보다는 책과 기록에만 매달렸던 탓에 인간관계가 협소한 탓이다. 게다가 국회의원이 되고 난 후 노동문제에 집중했던 탓에 여유 있는 사람들에게 좋지 못한 인상을 주었던 점도 있어 일이 잘 풀리지 않는 편이다.

그렇다고 하던 일을 덮어놓고 그 일에만 매달릴 수도 없어서 인기만 믿고 신문에 광고를 내보았더니 전화만 몇 통 받고 광고비만 날리고 말았다. 그래서 이제는 동창회, JC, 사무직 노동조합 등의 명부를 구해서 편지를 보내기도 하고 명함을 받으면 무턱대고 편지를 보내기도 한다. 낯이 뜨겁고 욕을 먹을까 두려우면서도 이 짓을 계속한다.

그렇게 수만 통의 편지를 보내서 800명 정도의 후원 회원을 겨우 조직했다. 이 짓 또한 마음 편한 일은 아니지만 친지들에게 계속 손 벌리고 전화질하는 것보다는 훨씬 나을 것 같아 계속해 볼 생각이다.

돈을 마련하기 위해 별 궁리를 다해 보았다. 언젠가 어떤 광고 회사에서 전화를 하여 광고 모델로 나가 보지 않겠느냐고 물어 왔다. 나는 도둑질보다는 훨씬 낫겠다 싶어서 해 보겠다고 응낙했으나 그 뒤 소식이 없었다. 그 후 몇 군데에 은근히 제의를 해 보기도 했으나 반응이 없어 기분만 구겨지고 말았다.

지금은 정치인에게 필요한 일정 및 조직 관리 데이터베이스 프로그램을 개발 중이다. 지난 1년간 틈틈이 구상을 하느라 소비한 종이가 수백 장이다. 나도 필요한 것이지만 좀 팔려서 돈을 벌수 있었으면 좋겠다. 그런데 막상 프로그램 개발을 맡겼더니 너무복잡해서 여러 번 실패를 거듭하는 바람에, 겨우 완성해 놓고 보니 개발비가 너무 많이 들어 본전이나 건질 수 있을지 걱정이다.

아내는 나를 보고 웃는다. 정치를 그만두고 변호사를 하면 될일을 왜 사서 고생을 하느냐는 것이다. 나의 대답은 간단하다. 나에게는 그만한 대가를 치를 만한 가치가 있는 이상과 포부가 있다.

오래전부터 글을 쓰고 싶었다. 청문회 직후에는 권하는 사람이많았다. 처음에는 우쭐하기도 하고 자랑도 하고 싶었다. 그다음에는 꼭 하고 싶은 말이 있어서 글을 쓰고 싶었다. 그러나 시간이허락하지 않았다. 그런데 요즈음 들어서는 책을 팔면 돈을 좀 만들 수 있을 것 같다는 말에 솔깃하며 이 글을 쓴다.

그래도 쓰는 김에 하고 싶은 말을 좀 하고 싶은데 그런 딱딱한 이야기는 독자들이 읽어 주지 않는단다. 출판사의 주문이 까다롭다. 이건 빼라, 이런 이야기를 넣어라. 어쨌든 팔리기나 좀 팔렸으면…….

그러나 팔리면 얼마나 팔리고 돈이 되면 얼마나 되겠는가.욕심을 좀 더 부려 보자.

"독자 여러분, 저 좀 도와주세요. 정말 정치다운 정치 한번 해보고 싶습니다. 제 후원회 전화는 02-784-2245이고요, 주소는서울 영등포구 여의도동 중소기업회관 903호 노무현 후원회입니다."

# 내 마음의 풍차

4부

# 내 마음의 풍차

진영 읍내에서 10리쯤 떨어진 곳에 말이 달리는 모양처럼 생긴 바위산이 하나 있다. 옛날에 봉화를 올렸다 하여 사람들은 모두 봉화산이라고 불렀다.

김원일의 소설 『노을』의 무대가 되기도 했던 그 산에는 오래된 절터가 있다. 가야 시대의 것이라고 한다. 옆으로 드러누운 부처님이 큰 바위에 새겨져 있고 근처에는 깨어진 기왓장도 나오곤 한다. 사람들은 가야 시대의 왕자가 살았다 하여 골짜기를 '자왕골'이라고 불렀다.

해방 이듬해인 1946년 8월, 봉화산과 자왕골을 등에 지고 있는 그 작은 마을에서 나는 태어났다.

유년 시절의 내 기억에서 봉화산과 자왕골은 빼놓을 수 없는 무대이다. 나는 그곳에서 칡을 캐고 진달래도 따고 바위를 타기도 했다. 풀 먹이러 소를 끌고 나오는 곳도 항상 그 골짜기였다. 아이들은 소를 골짜기에 몰아넣고는 모두 발가벗고 놀았다. 골짜기의 맑은 물에서 목욕도 하고 물장구도 쳤다. 물놀이가 시들해지면 산사태가 난 곳에서 미끄럼을 타기도 했다.

중학교를 졸업하기까지 나는 그 마을에서 살았다. 그러나 마을에는 학교가 없었기 때문에 아이들은 모두 진영 읍내의 학교까지 10리 길을 걸어 다녀야 했다. 나와 아이들에게는 그 등하굣길이 곧 놀이터였다.

봄이면 밀을 꺾어 밀사리를 해 먹었다. 보리 싹이 나면 보리피리를, 버드나무에 물이 오르면 버들피리를 만들어 불었다. 보리깜부기를 뽑아 얼굴에 새까맣게 바르고 보리밭에 숨어 있다가 지나가는 여학생을 놀라게 하는 장난도 많이 쳤다.

그러니 하교 시간이 자연히 길어질 수밖에 없었다. 또한 아이들과 어울리는 그 시간을 재미있게 보내기 위해선 꼭 필요한 도구가 있었다. 주머니칼과 물총이었다.

그 두 가지를 사고 싶어 나는 몇 번인가 부모님을 속이기도 했다. 학교에서 보내는 책값 통지서의 글자를 위조하는 게 그때의 유일한 수법이었다.

학교에서 같이 돌아온 아이들은 다시 꼴망태를 메곤 소 먹이러 자왕골로 들어간다. 소를 풀어놓고는 공차기, 자치기, 전쟁놀이를 한다. 그때 우리 집에는 소가 없었지만 나도 아이들과 어울려 같이 놀았다. 집에 소가 있는 아이들을 무척이나 부러워하면서…….

여름이면 개울에서 멱을 감고, 가을이면 메뚜기 잡고, 겨울이면 논에서 얼음 지치고 팽이도 치고, 자치기에다 연날리기까지 놀 거리는 참 다양했다.

그리고 내게는 아주 든든한 두 형님이 계셨다. 그중 큰형님은 당시 대학을 다니고 있었는데, 인근 마을까지에도 우리 형님 말고는 대학생이 한 명도 없었다. 또래 아이들에게 큰형님은 늘 나의 자랑거리였다.

큰형님의 대학생 친구들이 종종 집에 놀러 오곤 했는데, 항상 시국에 대해 열띤 논쟁을 벌이는 것 같았다. 무슨 애기인지는 이해도 못할 때였지만, 그런 모습을 옆에서 지켜보는 것만으로도 내게는 커다란 영향을 미쳤던 것 같다. 형님 방에 있는 뜻 모를 잡지나 책도 읽고 유행가도 종종 따라 부르곤 했다.

　　어린 시절 내게 뭔가 큰 꿈을 꾸게 해 준 큰형님은, 그러나 커다란 좌절의 모습도 내게 보여 주었다. 법대를 다녔던 형님은 고시 공부를 하다가 어떤 사정으로 중단해 버렸고, 그 후 오랫동안 실업자로 살아야만 했었다.

　　또한 작은형은 손놀림이 좋아 웬만한 장난감은 직접 만들곤 했다. 그것도 내가 엉엉 울기만 하면 언제든지 내 것으로 만들 수가 있었다. 덩치 큰 아이들과 어울려 놀아도 나는 항상 큰소리를 쳤고 누구한테도 맞아 본 적이 없었다. 두 형님의 든든한 '빽'이 있었기 때문이다.

　　아버지, 어머니, 위로 누님 둘, 형님 둘, 그리고 나는 막내였다. 지금은 울룩불룩하고 못생긴 얼굴이지만, 어릴 때는 동그랗고 뽀얀 얼굴이었다. 게다가 재주도 있어서 집안의 사랑을 독차지하며 자랐다. 그런 덕분에 학교에 들어가기 전까지는 궁핍을 느끼지 못했다.

그러나 초등학교에 들어가면서부터 사정은 좀 달라졌다. 가난 때문이었다. 공부를 잘하고 성격도 명랑한 편인데도, 가난으로 인한 열등감이 초등학교 시절 내내 나를 괴롭히기도 했다.

　　그중에서도 특별히 기억에서 지워지지 않는 일은 누나한테서 물려받은 필통이다. 2학년이 시작되면서 단체로 새 학용품을 주문했는데, 나는 돈이 없어서 주문하지 못하고 누나가 쓰던 찌그러진 필통을 가지고 다녔다. 나는 이 필통을 가지고 다닐 때마다 창피스러웠다. 가난해서 겪게 되는 창피한 일이 한두 가지가 아니었으나 보통은 그때뿐이었는데, 왠지 이놈의 필통만은 달랐다. 꺼낼 때마다 나를 괴롭혔고 마침내는 큰 망신까지 당하게 했다.

4학년이 되어서 좀 어수룩한 아이와 짝을 지어 앉게 되었는데, 내가 그 아이를 살살 꼬여 그 애의 반짝반짝한 새 필통과 내 고물단지를 맞바꾼 것이다. 나는 기뻐 어쩔 줄을 몰랐다. 그런데 친구들이 나를 비난하기 시작했다. 어떻게 급장이라는 아이가 어수룩한 친구를 꼬여 그런 일을 할 수가 있냐는 것이었다. 나는 궁지에 몰렸다. 친구들은 나를 따돌리기 시작했고, 나는 결국 항복을 하고 필통을 되돌려 주고 말았다.

공인(?)으로서의 도덕성에 관한 첫 심판을 경험한 셈이었다. 그 이후 이 사건은 내 마음속에 두고두고 남아 내 자신의 인간성에 대한 회의로 남아 있었다.

읍내 아이들의 부모는 종종 선생님을 찾아와 인사도 하고 얘기를 나눴지만, 나를 비롯한 시골 아이들은 맨날 기성회비를 제때 못 냈다는 이유로 벌을 서고 창피를 당해야 했다. 그 때문에 고학년으로 차츰 올라가면서 아이들은 비교적 잘사는 읍내 출신과 가난뱅이 시골 출신으로 은근히 패가 갈리기도 했다. 그럴 때면 나는 항상 시골 출신들의 중심이 되곤 했지만, 그렇다고 속이 풀리지는 않았다.

나의 기억에 가장 남는 선생님은 6학년 때의 담임이셨던 신종생 선생님이었다. 신 선생님은 사범학교를 졸업하고 갓 부임한 20대 초반의 젊은 선생님이었는데 굉장한 열의를 가지고 아이들을 가르쳤다. 잔뜩 주눅이 들어 있는 내게 자신감을 심어 준 분이기도 하다.

선생님은 특히 내게 깊은 관심과 열의를 가져 휴일이나 방학 때도 학교로 불러내 공부를 시키곤 했다. 집과 학교가 너무 멀어 내가 힘들어하자 선생님은 자기가 살던 자취방에 나를 재워 주면서 밥도 직접 차려 주곤 했다. 선생님이 한번씩 아이들을 혼내면 굉장히 무섭게 변하지만, 나는 벌 한 번 서 본 적이 없을 만큼 사랑을 받았다.

학년 초에 선생님은 내게 전교 회장 선거에 나서길 권했다. 그러나 내게는 그럴 용기가 전혀 없었다. 4학년 때도 급장 안 하겠다고 울고불고 난리를 친 기억이 있는데, 전교 회장 선거에 나선다는 건 나로서는 너무나 겁나는 일이었다.

내가 끝내 못 나가겠다고 버티자 선생님은 "바보 같은 놈, 그런 용기도 없어!" 하며 너무나도 실망하시는 거였다. 결국 나는 그토록 나에게 잘해 주신 선생님을 실망시킬 수가 없어 선거에 나서게 되었다.

마지못한 선거였지만 내 생각에도 연설을 썩 잘했던 것으로 기억난다. 전체 502표 중에서 나는 302표를 얻어 압도적 우세 속에 당선되었다. 이후 남 앞에 나서는 일에 자신감을 갖게 된 계기가 아니었던가 싶다.


초등학교 시절 기억에 남는 일의 대부분은 가난과 열등감, 그로 인한 반항적 태도, 이런 것이었다. 그러나 자존심과 우월감도 그에 못지않게 강했다. 우월감과 반항심이 뒤섞여 가끔 엉뚱한 사건을 일으키기도 했다.

초등학교 6학년 때였다. 교내 붓글씨 대회가 있었다. 당시 나는 붓글씨를 학교에서 제일 잘 쓴다고 생각하고 있었고 종종 외부 대회에도 대표로 나가곤 했었다.

대회 시간이 시작되고 붓글씨 담당 선생님은 종이를 한 장씩 나누어 주었다. 한번 잘못 쓰면 종이를 바꿔 주지 않는다는 말도 덧붙였다. 그 종이에 글씨를 썼는데 왠지 미흡하고 잘못 쓴 것 같았다. 다시 쓰고 싶었지만 종이를 바꾸어 주지 않는다는 당초의 주의 사항을 그대로 믿고 그냥 제출해 버리고 말았다. 그런데 옆 반의 선생님이 시험장에 와선 자기 아들의 글씨를 보고는 잘못 썼다며 종이를 바꿔 주는 것이었다. 그게 나로서는 너무나도 억울했다.

대회 심사 결과가 나왔는데, 역시 그 아이가 1등을 하고 나는 2등이었다. 나는 도저히 참을 수가 없었다. 결국 나는 승복할 수 없다며 붓글씨 담당 선생님에게 상을 돌려주어 버렸다.

그게 화근이 되었다. 나는 붓글씨 담당 선생님께 불려 가서 건방진 놈이라며 혼이 나고 뺨까지 얻어맞았다. 나는 그 길로 집에 가서 큰형님에게 일러바쳤고, 큰형님이 학교에 찾아와 항의하는 소동을 벌이기도 했다. 그 바람에 나는 담임선생님으로부터 처음으로 꾸짖음을 받아야 했다.

지금은 물론 그때 생각에도 사실 내가 글씨를 못 썼던 게 사실이었다. 그 때문에 괜히 담임선생님만 난처하게 만들고 말았다.

그 일은 어른이 된 후에도 오래도록 내 기억에 부끄러운 일로 남아 있다. 지금도 그때의 일을 생각하면 내가 너무 잘난 척하는 건 아닌지, 내 중심으로만 생각하는 건 아닌지 매사에 경계심의 고삐를 조이곤 한다.

그 일 말고도 어린 시절의 부끄러웠던 기억이 하나 더 있다. 초등학교 5학년 때였을 것이다.

그때만 해도 다들 보자기에 책을 싸 들고 다니거나 퍼런 돛베로 만든 가방을 들고 다녔다. 가끔 고무에 헝겊을 댄 가방도 있었는데, 읍내의 부잣집 아이들이나 간혹 가지고 다니는 고급 가방이었다.

어느 날 체육 시간에 당번이 되어 친구와 둘이서 교실을 지키다가 그렇게 생긴 새 가방을 하나 발견했다. 둘이서 가방을 뒤적여 보다가 그만 면도칼로 가방을 죽 찢어 버렸다. 무슨 심술이었는지 모르겠다.

체육 시간이 끝나자 교실은 곧 발칵 뒤집혔다. 담임선생님은 몽둥이를 들고 범인을 찾으려 했지만 나는 끝내 자백을 않고 버텨 넘어갔다. 그 일을 생각하면 본래 내가 모범생은 아니었던 것 같다. 그 일 말고도 거짓말을 했거나 훔친 일이 몇 번 더 있었기 때문이다.

훗날 내가 변호사가 되어 노동자들의 변론을 도와주던 시절, 문득 그 일이 떠오른 적이 있었다.

어쩌다 노동운동에 뛰어든 어느 여학생과 한참 사회주의에 대한 논쟁을 벌이게 되었다. 그 여학생은 사회주의가 옳다고 나를 설득하려 했고, 나는 사회주의가 잘 안 될 거라고 얘기를 했다. 한참 논쟁 중에 문득 어린 시절 내가 반 친구의 가방을 찢었던 기억이 떠올랐다. 남이 좋은 걸 가지고 있으면 샘을 내는 마음이 인

4부 내 마음의 동지

간의 본성이 아닐까 하는 생각에 이르렀던 것이다.

그 여학생에겐 어린 시절의 그 얘기를 꺼내진 않았지만 속으로론 그렇게 생각했다. 사회주의는 인간의 이성에 의해 건설된다는데, 인간의 본성에 자리 잡은 그런 욕심들이 과연 이성으로 다스려질 수 있을 것인가 하고.

나만 가난했던 것은 아닌데도 어린 시절의 나는 유독 가난을 심각하게 여기며 자라났다. 그리고 그 상처는 나의 잠재의식 속에 어떻게 해서라도 나만은 가난에서 벗어나야겠다는 열망과 함께 모두가 가난하지 않은 세상을 만들고 싶다는 막연한 꿈이 동시에 심어졌던 것 같다.

어찌 보면 상반된 이 두 가지 생각이야말로 지금까지 지칠 줄 모르며 나의 삶을 오늘까지 몰고 온 내 마음속의 풍차였는지도 모르지만…….

# 이놈 역적 아니야

내가 중학교에 들어갈 때도 한바탕 난리 법석이 벌어졌다. 같은 진영 읍내에 있는 진영중학교에 시험을 치고 집에 왔더니 어머니는 한숨만 푹푹 내쉬고 있었다. 입학금을 마련할 길이 없었기 때문이었다.

어머니는 할 수 없이 형수에게 아쉬운 소리를 해 돈을 얻어 내곤 막내아들의 입학금을 마련했다고 좋아하셨다. 그런데 다음 날 형님이 어머니에게 그 돈을 돌려 달라고 한 것이다. 형수가 형님에게 그 돈을 돌려 달라고 했기 때문이다. 당시 형수는 초등학교 선생님으로 돈을 벌고 있었고 형님은 실업자로 놀고 있었다. 그래서 자존심이 상한 형님이 동생을 지극히 사랑하면서도 그 돈을 어머니로부터 돌려받아 형수에게 돌려주어 버렸던 것이다. 나는 돈이 없어 학교를 못 갈 지경이 되었다.

그런데 마침 친구 하나가 돈 없이 입학하는 비결을 내게 알려 주었다. 입학할 때 우선 책값만 주고 입학금은 봄 농사를 지어 7월까지 갚기로 하고 입학 허가를 받은 사람이 있다는 것이었다. 그 이야기를 어머니에게 전했더니 우리도 그렇게 해 보자고 하셨다.

다음 날 어머니와 둘이서 진영중학교의 교감 선생님을 찾아갔다. 우선 책값만 내고 여름 복숭아 농사를 지어서 입학금을 낼 테니 입학시켜 달라고 사정을 했다. 그러나 교감 선생님은 안 된다는 것이었다.

어머니가 매달려 통사정을 해도 교감 선생님은 막무가내였다. 나보고는 공부할 필요 없으니 농사나 배우라고 했다. "그럼 교감 선생님 아들은 왜 공부시킵니까?" 하고 따져도 봤지만 교감 선생님은 끄떡도 안 했다. 나중에는 실업자인 큰형님의 얘기까지 튀어나왔다. 당신 큰아들 대학 나와도 저렇게 백수건달 아니냐, 그러니 공부시킬 필요 없다는 것이었다.

어머니는 얼마나 서럽고 분했던지 교감 선생님 앞에서 펑펑 울기 시작했다. 그래도 아들을 입학시키고 싶어 차마 대들지는 못하고 어머니는 계속 울며 매달렸다.

옆에서 지켜보다 못한 내가 입학원서를 북북 찢어 버렸다. "어머니, 집에 갑시다. 나 이 학교 안 다녀도 좋소!" 하고는 뛰쳐나와 버렸다. 그러자 교감 선생님은 "저 봐라. 저런 놈 공부시켜 봐야 깡패밖에 안 된다"며 의기양양해했다.

그래도 어머니는 싫은 소리 한마디 못하고 교감 선생님에게 계속 매달렸다. 내가 다시 들어가 어머니의 팔을 끌고 나오며 한마디 외쳤다. "가요! 씨팔, 이 학교 아니면 학교 없나!"

집에 돌아오자 난리가 났다. 사정을 안 후 제일 난처해진 사람이 큰형님이었다. 그러나 역시 큰형님은 큰형님이었다.

다음 날 학교를 찾아간 큰형님은 교감의 멱살을 잡고 한바탕 난리를 벌였다. '공부해 봐야 깡패 된다'는 비교육적 언사를 문제 삼겠다고 협박하자 오히려 교감이 싹싹 빌었다.

그렇게 입학을 해서인지 처음 학교생활은 불안하고 서먹서먹했다. 1학년 담임선생님이 급장을 지명할 때도 아이들은 모두 내가 될 거라고 생각했는데, 선생님은 다른 아이를 지명했다. 그 아이는 읍내에서 비교적 잘사는 아이였다. 나는 시골 아이들과 작당을 하여 걸핏하면 급장에게 시비를 걸었다.

시작을 그렇게 해서인지, 나는 중학교에서도 일을 저지르고 말았다. 3·15부정선거가 있던 해 2월이었다.

1학년 2학기를 마감할 즈음의 어느 날, 학교는 수업을 전폐하고 '우리 이승만 대통령'이라는 제목으로 작문을 하라고 했다. 3월 26일이 이승만 대통령 탄신일인데 이를 기념하는 행사이니 글을 잘 지으면 큰 상도 준다고 했다. 그런데 실은 3·15 대통령 선거를 앞둔 선거운동이었다.

나는 어린 나이였으나, 그것이 부정한 일로 여겨졌다. 당시 어른들한테 이런저런 이야기들을 귀동냥하고 있었기 때문이었다. 나는 친구들에게 아무것도 쓰지 말자며 백지동맹을 선동했다. 교실 분위기가 엉망이 되어 버렸다. 감독을 하러 들어온 여선생님은 울음을 터뜨렸고, 많은 학생들이 글을 짓지 않았다.

결국 나는 교무실에 끌려가 벌을 서게 되었다. 그 여선생님이 나를 지목한 탓도 있었다. 그러나 더욱 문제가 되었던 것은 다른 학생들은 그냥 글만 쓰지 않고 제출한 데 비해, 나는 백지에다 '우리 이승만 (택)통령'이라 적고 내 이름을 써냈기 때문에 더욱 괘씸죄에 걸린 셈이었다.

교무실에서 벌을 서고 있는데, 마침 조병옥 박사의 서거 소식이 전해졌다. 그러자 교감 선생은 여러 선생님들에게 "역시 이 박사는 하늘이 낸 사람이야" 하며 목에 힘을 주었다. 나는 어린 마음에도 하늘이 무너져 내리는 것 같은 절망을 느꼈다. 그런데 한참 후 교감 선생이 나를 발견하고는 "이놈은 뭐야?" 하고 지도

부 주임에게 물었다. 지도부 주임이 자초지종을 설명하자 교감 선생은 "이놈 역적 아니야. 역시 못된 놈은 할 수 없구먼" 하면서 나를 고소한 듯이 노려보았다.

순간 나는 모든 것을 체념했다. 나를 벌세운 지도부 주임에게 간다 온다 말도 없이 집으로 도망가 버렸다. 겁도 났지만 약간은 믿는 데가 있기도 했기 때문이었다. 그런데 집에 가서 큰형님께 말씀드렸더니, "네가 옳다고 생각해서 한 일이면 끝까지 당당하게 버틸 일이지 왜 살그머니 도망을 왔느냐" 하고 나무라면서 다음 날 학교에 가서 당당히 따지라는 것이었다. 그리고 큰형님은 퇴학이 되면 더 좋은 학교로 보내 주겠다는 격려도 잊지 않았다. 사실 이 격려는 당시 우리 집 형편상 실현 불가능한 것이었지만, 아무튼 나는 학교 안 다녀도 좋다는 배짱이 생겼다.

다음 날 아침 나는 그래도 겁이 나서 미적거리다가 지각을 했다. 지도부 주임 선생은 다른 지각생들은 그냥 보내고, 나만 자기 사택으로 데려갔다. 주임 선생은 다른 말은 없이 나에게 반성문을 쓰라고 했다. 나는 백지동맹의 자초지종만 적고 잘못했다는 말은 한마디도 쓰지 않았다.

주임 선생은 반성문을 읽어 보더니 혼잣말로 "이놈, 우월감이 대단히 강한 놈이군" 하더니 나를 보고 "너, 이승만 대통령이 어떤 분인지 알기나 하냐?" 하고 물었다. 나는 "옛날에는 독립운동을 한 훌륭한 분이었으나 지금은 독재를 하고 있는 분입니다" 하고 대답했다.

순간 분위기가 험악해졌다. "너 이놈, 고약한 놈이구나. 조그만 놈이 뭘 안다고! 누가 그렇게 가르쳐 주더냐?" 하며 눈을 부릅

떴다.

"형님이 하시는 말씀을 들었습니다."

나는 얼른 큰형님을 끌어들였다. 우리 큰형님의 면면과 성질을 알고 있는 주임 선생에게 은근히 겁을 준 것이었다. 주임 선생은 소득이 없겠다 싶었는지 부드러운 말투로 나를 다시 달랬다.

"이놈아, 네가 그런 말을 한다고 세상이 달라질 것 같으냐. 네 장래를 봐서 용서해 주려는 것이니 잘못을 시인하고 용서를 비는 반성문을 다시 쓰도록 해라."

그러나 나는 쓰지 않았다. 주임 선생이 다시 달랬으나, 나는 끝까지 버티었다. 결국 주임 선생이 손을 들었고, 나는 퇴학을 당하지도 않았을뿐더러 벌을 더 서지도 않았다.

그럼에도 그럭저럭 공부는 잘했다. 중학교 2학년 때에는 부일장학생 시험에 합격하기도 했다. 시골 학교로서는 매우 드문 일이라, 학교에는 큰 경사였다.

부일장학회는 당시 『부산일보』 사장을 하던 김지태 선생이 만든 한국 최초의 그리고 최대의 장학 재단이었다. 그런데 박정희 정권이 그것을 빼앗아서 5·16장학회를 설립했고, 지금은 정수장학재단으로 남아 있다. 박정희의 '정' 자와 육영수의 '수' 자를 딴 것이라 하니, 참으로 부당하고 기막힌 일이다.

그 후 나는 장학금만 바라보고 부산상업고등학교에 입학하여 김지태 선생의 후배가 되었는데, 그 학교의 백양장학회도 동창회장인 김지태 선생이 만든 것이고 보면 나의 오늘은 그분이 디딤돌을 놓아 주신 셈이다.

중3이 되자 또 걱정이 시작되었다. 돈이 없었기 때문이었다. 내심 고등학교 진학을 포기하고 5급 공무원 시험을 볼 요량으로 책을 사 혼자 공부를 시작했다. 어느 날 큰형님이 그걸 보고 펄쩍 뛰었다.

큰형님은 기어이 우겨 날 부산상고 시험을 치게 했다. 공립학교인 데다 동창회 장학금을 받을 수 있다고 그 학교를 권했던 것이다.

당시 부산상고에는 시골 출신들이 많았다. 장학금을 받을 수 있는 데다 졸업 후 은행에 취직할 수 있다는 꿈이 있었기 때문이다. 모두들 열심히 공부했다.

1학년을 그럭저럭 보낸 후 2학년이 되면서 난 '농땡이'를 치기 시작했다. 머리를 안 깎이려 시험 시간에 도망을 치기도 했고, 친구들과 어울려 술과 담배를 배우기도 했다. 성적은 중간도 안 되는 수준까지 떨어져 갔다. 한마디로 고등학교 시절은 방황의 연속이었다.

그러나 3학년이 되면서부터 고향의 부모님이 생각나기 시작했다. 시골의 부모님은 두 분 모두 환갑을 넘긴 나이인 데다 큰형님은 여전히 직장을 못 구해 놓고 있었다. 작은형님 역시 힘든 직장에서 어려운 생활을 하고 있었다.

부모님은 산기슭을 개간해 고구마를 심는 것 외엔 겨우 취로사업을 나가 몇 푼 얻어 올 정도였다. 고구마 순을 팔아 겨우 생계를 이어 갔는데, 내가 방학 중에 집에 내려가도 저녁은 내내 메밀 죽으로 때우곤 했다.

마음속으로는 큰형님을 많이 원망했다. 부모님의 그런 모습이 너무 딱하게 여겨졌다. 고등학교를 졸업하고 내가 부모님을 모셔야 한다는 생각이 그즈음 든 것이다. 그러기 위해서는 고향에서 다닐 수 있는 직장에 내가 취직을 해야 하는데 그게 바로 농협이었다.

농땡이가 뒤늦게 시험공부를 시작했다. 그러나 역부족이었다. 도별로 한 명씩 뽑는 시험에서 나는 떨어지고 말았다.

졸업 때가 되자 학교에서 직장을 알선해 주었다. '삼해공업'이라는 어망 회사였다. 나를 포함해 졸업생 네 명이 그 회사를 다니게 되었는데 아직 졸업 전이라 우린 모두 교복을 입고 근무를 했다.

어느 날 상무가 부르더니 교복을 벗고 다른 옷을 입고 나오라고 했다. 옷 살 돈은 없고 해서 친구에게 한 벌을 빌려 입었다. 그러나 맨날 같은 옷만 입고 나오기가 창피해 나중에는 친구들끼리 서로 돌려 입기로 했다. 길거리에서 싸구려 구두도 한 켤레 샀는데, 비만 오면 물이 새고 그나마 금세 망가져 버렸다.

한 달 후쯤 드디어 첫 월급이 나왔다. 그런데 겨우 2,700원, 아무리 실습 기간이라지만 한 달 하숙비도 안 되는 돈이었다. 함께 입사한 친구들 네 명이 모여서 그만두자고 의논을 했다. 사장을 찾아가 그만두겠다고 했더니 금세 4,000원으로 올려 주겠다고 했다. 결국 두 명은 그대로 남고 나와 다른 한 친구는 그만두고 나와 버렸다. 고향에 내려가 고시 공부를 시작해야겠다고 작정했다.

한 달 반 치의 월급 6,000원을 받아 뭘 할까 고민을 했다. 옷을 살까 구두를 살까 망설이다가 결국 기타 한 대를 사고, 고시 공부용 헌책 몇 권, 나머진 술 마시고 영화 보는 데 모두 써 버렸다. 그러고는 내 고향 진영으로 내려갔다.

# 노가다의 짝사랑

마침 작은형님이 실직을 해 집에서 잠시 쉬고 있을 때였다. 나는 형님과 의논하여 마을 건너 산에다 토담집을 하나 짓기로 했다.

산에 가서 구들도 직접 떠 나르고 둘이서 돌도 주워 날랐다. 밤에는 남의 산에 가서 소나무를 베어 서까래를 올렸다. 이 집 저 집 다니며 볏짚도 한 단씩 얻어 지붕을 올렸다. 근사한 집이 완성되었다. 거기서 고시 공부를 시작하기로 한 것이다.

당시엔 대학 2학년 이상의 과정을 수료해야만 고시 응시의 자격이 주어졌다. 그래서 나와 같은 고졸 출신들은 '사법 및 행정요원 예비시험'이라는 것을 거쳐야만 했다.

회사 다닐 때 경리과 누나에게 얻어 놓았던 수험 강의록, 회사 그만둘 때 받은 월급으로 사 놓았던 헌책들을 들고 공부를 시작했다. 그러나 그게 어머니에게는 여간 실망스러운 일이 아니었다. 도회지에 나가 고등학교를 졸업한 아들이 은행에 취직할 거라고 동네마다 은근히 자랑하고 다녔던 어머니로선 체면이 말이 아니었다.

어렵기는 나도 마찬가지였다. 책 살 돈은커녕 당장 먹고살기도 어려운 처지에 공부가 머리에 들어올 리가 없었다. 어려운 처지의 부모님을 돕기는커녕 빈둥빈둥 놀기만 했던 것 같다. 결국 그해 여름 나는 친구를 따라 울산의 노동판으로 들어갔다.

당시 박정희 대통령의 경제개발 5개년 계획으로 해서 울산에는 '서부 개척'과 같은 바람이 불고 있었다. 그때는 동네마다 울산 가면 돈 벌 수 있다는 소문이 무성했다. 거기서 재미를 보았다는 사람도 많아 너도나도 울산으로 향하곤 했었다.

'한국비료' 공사가 한창이었는데 친구와 나는 거기서 막노동을 시작했다. 일당 180원, 함바(합숙소)의 콘크리트 바닥에 가마니를 깔고 그 위에 자리를 만들어 잠을 잤다. 하루 세끼를 얻어먹는 데 105원, 그 밥값을 제하면 겨우 75원이 남았다. 그나마 일자리가 없어 하루 일하면 이틀은 공쳐야 했다.

그때 울산에는 서생배 밭이 있었는데, 거기서 배 도둑질도 해 먹고 닭서리도 해 먹었다. 돈도 못 벌면서 그렇게 어울려 다니기만 한 것 같다. 그러다 하루는 공사장에서 큰 못에 발을 찔려 더 이상 품도 팔 수 없게 되었다.

다시 고향으로 돌아가자니 밥값이 2,000원이나 밀려 있었다. 도망을 가는 수밖에 없었다. 일하러 간다고 거짓말을 하곤 식당 주인 몰래 울산역으로 내달렸다. 그때 울산역 플랫폼에서 얼마나 뒤꼭지가 당기고 또한 서럽던지······.

집에 돌아와 발이 다 나으면서 나는 다시 작은형님과 돈 벌궁리를 했다. 김해 농업시험장에 들어가 감나무 묘목을 훔쳐 왔다. 우리 산에다 과수원을 만든답시고 밤중에 몰래 들어가 100포기 정도를 뽑아 왔던 것이다. 사실 그때 심은 묘목이 뒷날 우리 집의 어려운 살림에 제법 보탬이 되기도 했다.

그때 훔친 묘목을 신문지에 싸 들고 왔는데, 집에 와서 신문지를 펴 놓고 보니 눈에 확 들어오는 것이 있었다. '사법 및 행정요원 예비시험'이 있다는 공고가 그 신문에 실린 것이다.

부랴부랴 다시 공부를 시작해서 그해 11월 부산에서 시험을 봤다. 10개 과목의 시험을 봤는데 그럭저럭 잘 본 것 같았다.

시험을 보고 온 그다음 날 다시 울산으로 갔다. 한가하게 시험 결과만 기다리고 있을 처지가 아니었기 때문이었다. 달리 아는 데도 없고 해서 밥값 떼먹고 도망쳤던 그 합숙소로 다시 찾아갔다. 의외로 주인은 잘 돌아왔다면서 반갑게 맞아 주었다.

그즈음엔 일자리도 늘어나고 일당도 좀 올라 220원을 받았다. 야간작업을 하면 280원까지도 받을 수 있었다. 옛날 떼먹은 밥값도 다 갚고 4,000원 가까이 돈을 모았을 즈음 나는 또다시 사고를 당하고 말았다.

작업 중 큰 목재에 얼굴을 얻어맞아 이빨이 부러지고 입술이 찢어져 병원에 입원하는 신세가 되고 말았다. 입술을 꿰매고 정신을 차려 보니 친구가 그날 신문을 보여 주었다. 예비시험 합격자 명단에 내 이름이 올라 있었던 것이다.

막노동 중에 몸을 다쳐 병원에 누워 있던 거지꼴 같은 내 신세……. 그때의 발표 명단은 얼마나 감격스러웠는지 그 누구도 당시의 내 심정을 알 수 없을 것이다.

그러나 그 뒤 제도가 바뀌어 예비시험 합격이 아무 쓸모가 없게 돼 버렸다. 고시 응시에 학력 제한이 철폐되었기 때문이다. 그러나 그때 부러진 이빨 두 개는 그로부터 10년이나 지나 내가 고시에 붙고 난 다음에야 갈아 끼울 수가 있었다.

당시 병원에서 정신을 차려 깨어나면서 제일 걱정스러웠던 것은 역시 치료비였다. 그때까지만 해도 나는 그게 산업재해 처리가 되는 줄은 전혀 모르고 있었다. 겨우 모아 놓았던 4,000원을 다 날리지나 않을까 걱정하고 있었던 것이다.

그런데 친구들이 와서 아무 걱정 말라는 거였다. 허리도 다쳤다고 엄살 부려라, 구리 가루를 허리에 바르고 엑스레이를 찍으면 뼈에 금이 간 것처럼 진단이 나온다, 그러면 산재 보상금도 더 많이 나올 것이라며 나를 꼬드겼다.

치료비 물지 않은 것만으로도 다행으로 여기고 있었던 내게는 사실 그런 엄살을 피울 배포가 없었다. '산재 보상'이란 제도가 있다는 것도 그때 처음 알았다. 그런데 훗날 오히려 내가 산업재해 전문 변호사가 되었다는 게 생각해 보면 우습기도 하다.

병원에 며칠 있다 보니 내게 한 가지 난처한 문제가 생겼다. 병원에는 예쁘장한 처녀들이 간호보조원으로 있었는데 그들에게 내행색이 너무 부끄러웠기 때문이다.

공사판에서 일할 때나 합숙소에서 뒹굴 때는 몰랐는데 시내병원에 나와 보니 내 옷이 너무나 남루했다.

내 딴에는 고등학교도 나오고 고시 예비고사에도 합격해 마음속으로는 꽤나 잘난 맛에 빠져 있었는데, 그럴수록 내 남루한옷에 더욱 신경이 쓰이는 것이었다. 며칠 후 어머니가 갖다준 옷으로 겨우 거지꼴은 면할 수가 있었다. 그런데 시간이 지날수록 그 간호보조원들에게 자꾸 마음이 쏠렸다. 별일이 없으면서도 나가서는 은근히 그녀들과 마주치길 기대하며 주위를 얼쩡거렸다.

그러나 내 마음을 아는지 모르는지 그녀들은 도대체 내게 관심을 보이기는커녕 아는 척도 하지 않았다. 그래서 아주 상심에 빠져 있던 어느 날, 울산의 국세청에 다니던 친구와 대학을 다니던 친구가 면회를 와서는 며칠간 같이 놀아 주곤 돌아갔다. 그러자 나에 대한 그 처녀들의 대우가 확 달라져 버렸다. 반갑게 인사도 받아 주고 내 입원실의 청소까지 해 주었다.

나는 내심 기뻐하고 있었다. 그런데 며칠 후 그중 한 아가씨가 내게 오더니 대학 다니는 내 친구의 주소를 가르쳐 달라는 것이었다. 김이 팍 새는 순간이었다.

세월이 지난 뒤 생각해 보니, 그 어린 나이에 나의 상심은 꽤나 컸던 것 같다. 나는 상심을 달래기 위해 병원에 있는 동안 두 편의 단편소설 습작을 썼다.

첫 번째는 밥값을 떼먹고 도망친 막노동판에서의 일상 잡사를 그린 것이었다. 왕년에 모두 한가락씩 했던 주먹들이 싸움 이야기를 자랑스레 늘어놓기도 하고 옛날에 부자였다는 자랑도 한다. 그 속에서 보이는 인간들의 벌거벗은 모습들을 그리고자 했다.

두 번째 단편은 거의 나 자신의 이야기를 그린 것이었다. 꿈을 가진 청년이 어려움 속에서도 공부를 한다. 책값을 벌고자 막노동판에 왔다가 불의의 사고를 당한다. 그리고 병원의 간호사에게 연정을 품고 애태우다가 말 한마디 못하고 퇴원을 해 풀이 죽어 집으로 돌아간다는 내용이었다.

두 번째 단편의 첫 시작 부분은 지금도 기억에 남는다. "쏴~하고 물소리가 들린다. ○○은 얼른 침대에서 일어나 창가로 달려간다……." 그릇을 씻으러 나오는 간호사를 보려는 주인공의 모습을 그렇게 묘사했던 것 같다.

그중 하나는 퇴원할 때 간호사에게 주려고 생각했었다. 그러나 결국 전해 주지도 못하고 그냥 집에 갖고 와 보관하고 있었는데 언제부턴가 찾을 수가 없게 되어 버렸다.

한편 그때의 '노가다' 생활을 돌이켜 보면 환경에 따라서 사람이 얼마나 파렴치해지고 거칠어질 수 있을까 하는 생각을 하게 된다.

처음 함바에 딱 들어가면 마치 감방에서와 같이 텃세의 시험을 거쳐야 한다. 먼저 온 고참이나 힘깨나 쓴다는 친구들이 공연히 시비를 걸어온다. 자기 자리로 오라고 하고선 몇 살이냐 뭐 하다 왔느냐 등의 질문으로 불편하게 해 놓고선, 그런 기색이 보이면 아니꼽냐로부터 시작해 시비를 거는 것이다. 맨날 모였다 하면 화투요, 입만 열었다 하면 욕이다. 옛날 누굴 두들겨 팬 이야기, 여자 겁탈한 이야기, 일 저지르고 도망친 일 등등....... 모여 앉아 궁리하는 거라고는 어떻게 하면 공사장의 모터나 철근, 자재 같은 걸 빼내 나가 팔아먹을까 하는 것들이다.

한번은 일터로 나가는 길에 지나가는 아주머니들에게 음담패설로 희롱을 한 일이 있었다. 그러나 그 아주머니들도 호락호락하지가 않아 욕만 됫박으로 얻어먹고 코가 납작해져 버린 일이 있었다. 분풀이할 궁리 끝에 다음 날 아주머니들이 지나가고 있는 길거리를 향해 나란히 줄지어 서서는 바지춤을 내렸다. 그리고 단체로 오줌을 갈겨 댔다. 밥 먹고 생각하는 것이라곤 그런 것뿐이었다.

그 뒤 군대를 갔는데 군복을 입혀 놓으니 또 그 지경이고, 제대 후 예비군복을 입혀 놓아도 마찬가지였다. 의사건 변호사건 예비군 훈련장에만 가면 어떻게 농땡이를 부릴까 궁리만 한다.

아무 길거리에서나 오줌을 누고, 끝나면 그냥 집에 가도 될 것을 술집에 몰려가 한잔씩 해야만 하고, 그러다 지나가는 여자나 희롱하고……. 옷과 환경이 사람을 지배하는 모양이다.

그 뒤 국회의원이 된 후 전국일용노동자조합 위원장을 여러 번 만나고 도와주기도 했다. 물론 일용노조가 옛날 그때처럼 막 노동자들의 모임도 아니고 노동 환경도 많이 달라져 있었다. 옛날 그 기억 속의 노동자와는 전혀 다른, 당당하고 의젓한 모습들이었다.

얼마 전에도 만나 보았다. 노조가 아주 건강하게 잘 움직이고 있었다. 그것을 보면서 환경과 교육이 얼마나 중요한지 다시금 느끼게 되었다. 노조를 통해 스스로 자신의 직업적 자부심을 체득하면서 사회에 대한 건강한 자기 생각 또한 가질 수가 있었던 것이다.

버려진 사람들에게 도덕적 성숙을 기대하기는 어렵다. 자신들의 존재와 역할에 대한 뚜렷한 의식과 자부심이야말로 모범적 행동의 기초가 된다. 이런 점에서 그들을 사회의 책임 있는 주체로 참여시키는 것은 우리 모두의 관심과 배려에 달려 있지 않을까.

# 저, 고시에 합격했습니다

불안하고 힘든, 그리고 결코 짧지 않은 세월을 보낸 끝에 나는 사법 고시에 합격을 했다.

합격의 감격은 대단한 것이었다. 친구가 소식을 전해 주자, 아침부터 한바탕 싸우고 토라져 누워 있던 아내가 부끄러운 줄도 모르고 내 무릎에 얼굴을 파묻고는 엉엉 울어 댔다.

들뜬 기분은 제법 오래갔다. 길을 가면서도 "저, 고시에 합격했습니다" 하고 소리치고 싶었고, 차를 타도 옆자리에 있는 사람에게 말을 걸고 자랑하고 싶을 정도였다.

그리고 연수원 시절 2년은 내게는 더없이 자랑스럽고 보람된 시절이었다. 쟁쟁한 대학을 나온 최고의 엘리트들과 어울린다는 것만도 내겐 새로운 자극이었다. 고등학교 졸업 후 거의 10년간을 사회와 격리되다시피 해 살아온 내가 직장을 가지는 것만으로도 족한데 그런 엘리트 그룹에 끼게 되었으니 말이다.

그러나 처음 얼마간은 연수원에서 외톨이 신세를 면할 수가 없었다. 아는 사람이 없었기 때문이다. 처음에는 점심시간이 제일 곤란했다. 다들 패거리를 지어 점심을 먹으러 나가는데, 나는 아는 사람이 없으니 혼자 서성거려야 했다.

그러다 얼마 지나 내가 외톨이란 걸 눈치챈 몇몇이 같이 밥먹으러 가자며 나를 자기 패거리에 끼워 주었다. 얼마나 고마웠던지 연수원 시절 내내 가깝게 지냈고, 지금까지도 가끔 만나며

친하게 지내고 있다.

　　사법 고시가 대단하기는 대단한 시험이었던 모양이다. 그 이전까지만 해도 나는 내가 속해 있는 곳에선 제일 똑똑하다고 자부했었다. 초등학교 시절부터 고등학교 졸업할 때까지, 실제로 마음만 먹으면 언제든지 1등을 할 수 있다는 터무니없는 자부심을 가지고 있었다.

　　그러나 연수원에 들어가 보니 그게 아니었다. 아무리 열심히 해도 선두 그룹에 낄 수가 없었다. 그래서 포기를 하고 대충대충 공부를 했더니 나중에 나올 때 성적이 중간 이하였다.

　　당시는 유신 시절이었지만 그래도 연수생들의 포부나 의기는 대단했다. 모두들 법과 양심을 지키는 법관다운 법관이 되어 권력에 굴복하거나 이익에 야합하지 않고 소신껏 일하겠다는 결심들을 가진 것 같았다.

　　가끔 누가 현실과 타협할 수밖에 없지 않느냐는 투의 말을 꺼내기라도 하면 그는 영 글러 먹은 사람으로 손가락질을 받았다.

　　그 후 나는 변호사 생활을 하다가 운동권으로 뛰어들었고 국회의원도 되었다. 시간이 흘러 연수원 동기들을 만나 보면 나나 그 친구들 모두 많이 변해 있음을 느끼게 된다. 그때의 치열함도 없어졌거니와 구체적인 일을 놓고 보는 관점도 그때와는 많이 달라져 있었다.

　　해마다 대학 입학시험 합격자 발표가 있을 때면 신문 방송마다 법대나 의대 수석 합격자의 소감과 포부가 기사화되곤 한다. 대개가 가난하고 힘없는 사람이 억울한 일을 당하지 않도록 돕겠다, 가난한 환자들을 위해 인술을 펼치겠다는 등의 얘기가 나오곤 한다.

　그런 얘기를 들을 때면 자꾸만 연수원 시절이 떠올려진다. 그때의 그 포부나 각오를 그대로 실천하려면 얼마나 많은 자기의 것을 포기해야 하는지를 그땐 미처 생각하지 못했던 것 같다.

내가 변호사 생활을 하는 것에 대해 사람들은 가끔씩 오해를 하곤 한다. 내가 민권운동을 하기 위해 판사를 그만두고 변호사로 나섰다고 알고 있는 사람도 더러 있고, 반대로 선거 때는 판사 시절 사생활에 문제가 있어서 그만두었다는 흑색 유인물이 나돌기도 했다.

　그러나 어느 쪽도 사실과 다르다. 나는 연수원 시절부터 변호사를 하고 싶었다. 특강을 나온 대법원 판사들이 어쩐지 융통성이 없고 딱딱해 보였기 때문에 판사라는 직업에 별로 매력을 느끼지 못했다. 한편으론 선진 외국에서 볼 수 있는 변호사의 전문화, 업무 영역 확대 같은 것에 관심이 많아, 처음부터 변호사로 나서면 무언가 내가 새로운 역할을 할 수 있지 않을까 하는 쪽으로 생각이 기울어 갔다.

　같은 생각을 가진 연수원 동기생들도 있어 몇몇과 약속까지 했다. 같이 변호사로 활동하며 우리 법조 문화를 한번 바꿔 보자고 결의했던 것이다. 그래서 시보 실습으로 부산에 내려와 있을 때에는 사법서사 사무원으로 있는 친구와 변호사 개업 약속까지 해 버렸다. 일찌감치 나는 변호사가 되기로 작정하고 있었다.

　그러나 집에 가서 내 뜻을 얘기했더니 어머니와 형님들이 펄쩍 뛰었다. 당시만 해도 판사를 높은 벼슬로 여기고 거기에 큰 가치를 두고 있을 때였다. 벼슬 한번 해 먹고 나중에 개업해도 되지 않느냐는 것이었다. 판사 발령을 받아라, 난 개업하겠다로 한동안 실랑이를 벌였다.

그러나 어머니의 뜻을 거역 못할 이유가 있었다. 아내의 아버지가 좌익 사상범으로 복역 중 돌아가셨기 때문에 연좌제에 걸려 판사 생활 못하는 거 아니냐는 의심을 품으셨던 것이다. 기어이 내 고집대로 발령을 안 받았다가는 아내가 박해를 받을 게 뻔한 일이었다.

딱 1년만 하다 나올 작정으로 할 수 없이 발령을 받았다. 그리고 대전에서 판사 생활을 시작했다.

일에 재미가 전혀 없는 건 아니었지만 대체로 단조로운 생활의 연속이었다. 출근을 하면 책상 왼쪽 모서리에 서기가 기록을 갖다준다. 그러면 그걸 검토하고 메모해서 오른쪽 모서리로 옮겨 쌓아 놓는다. 갑갑하게 느껴질 정도로 수동적인 업무였다.

가끔씩 아내를 따라 새벽 시장을 나가 보면 사람들은 다들 활기에 차 있었다. 대개가 우리보다 못사는 사람들일 텐데도 부지런하게 움직이고 있었고 눈빛도 반짝이고 있었다. 결국 나는 1년도 다 채우지 않고 변호사로 나와 버렸다.

짧았던 판사 시절, 지금 생각에도 난 별로 모범적이지도 우수하지도 못했던 것 같다. 경험 없던 시절 잘못된 분위기에 휩쓸려 부끄러운 짓도 많이 저질렀다.

내가 처음 모셨던 부장판사님은 그 복잡한 재판 기록을 메모지 한 장에 요약을 해서, 달랑 그 메모지 한 장 들고 재판을 진행하고 또 판결문도 쓸 만큼 요령이 좋았다. 그에 비해 나는 메모지

서너 장을 빽빽이 채우고도 모자라서 기록을 안 보고는 판결문을 쓸 수가 없었다.

선배 판사들을 따라 종종 술 마시러 다니기도 했다. 오랫동안 사회생활을 제대로 못하다가 처음 경험하는, 대접깨나 받는 생활이었다. 당시만 해도 판사들은 거의 매일 변호사들에게 밥이나 술을 얻어먹고 다녔다. 나도 거기에 휩쓸려 다니느라 공부도 제대로 안 한 것 같다.

선배 판사들 중에는 변호사 한두 사람을 가리켜 왕소금이네 짠돌이네 하면서 욕을 하곤 했다. 술을 잘 안 산다는 것이었다. 나도 덩달아 그들을 밉게 생각했다. 그 짠돌이 변호사들을 물 먹일 방법은 없을까 하는 나쁜 심보를 가지기도 했었다.

내가 영장 당직을 서던 날이었다. 어느 회사원이 찾아왔는데 자기 동료가 절도 혐의로 영장이 신청됐다고 했다. 그러면서 그 동료는 결코 남의 물건을 훔칠 사람이 아니며 성실한 사람이니 선처를 바란다고 하소연을 하고 돌아갔다. 그러자 마침 옆에 있던 판사가 대뜸 욕을 해 대는 것이었다.

"저 새끼 여기가 어딘 줄 알고 겁 없이 와서 헛소리하고 있어. 저런 놈은 따끔한 맛 좀 보여 줘야 돼."

처음 이야기를 들을 때는 기록을 자세히 보아야겠구나 생각했는데, 그 얘기를 듣고 보니 그도 그렇다 싶은 기분이 들어 그만 영장을 발부하고 말았다. 지나 생각해 보니 그때 이미 내가 권위의식에 물들어 있었던가 보다 싶어 두고두고 마음에 걸렸다.

그러나 임관된 지 얼마 안 된 판사치고는 비교적 내 주장이 강한 판사였던 것 같다. 비교적 무죄 석방, 집행유예 주장을 많이 했다. 한번은 어묵에 방부제를 섞었던 보건 범죄자가 기소돼 재판에 서게 된 경우가 있었다. 나는 무죄를 주장했다. 그러나 합의 결과 유죄가 선고되었다.

얼마 후 그 어묵 업자가 술을 사 들고 집으로 찾아와 고맙다며 인사를 했다. 그때 나는 무죄 판결을 못 내려 무척 아쉬워하고 있던 차였다. 내친김에 나는 그 사람의 항소이유서까지 대신 써 주었다. 조목조목 이유를 쓰느라 밤까지 홀딱 새 가며…….

지금 생각해도 판사로서 있을 수 없는 일을 저지른 것이었다. 자연히 그와 친해져 가끔 술을 얻어먹기도 했는데, 참 엉터리 판사가 아닐 수 없다.

그런 일을 겪으면서 나는 법관으로서의 올바른 처신에 대해 고민도 많이 했다. 법원 직원인 입회 서기가 가끔 청탁을 해 올 때가 있다. 꼭 친구 아니면 친척의 일이라며 부탁을 해 오곤 했다. 달리 기준은 없었지만 아무래도 재판 결과에 영향을 주지 않았나 싶다. 봐주면 봐줘서 찜찜하고, 안 봐주고 원칙대로 하면 부탁했다는 그 이유 때문에 오히려 그 사람에게 불이익을 준 것은 아닌가 싶어 불안해했다.

이후 변호사 개업을 한 다음에 생각해도 판사를 그만둔 것은 잘했던 것 같았다. 판사를 계속했어도 아마 모범적인 판사는 되지 못했을 것이다.

# 사법 고시 수험기

많은 사람들이 고등학교만 졸업하고도 어떻게 그 힘들다는 사법 고시에 합격했냐고 묻곤 한다. 젊은 사람들 가운데는 좀 더 구체적으로 '공부를 어떤 식으로 했냐'고 묻는 사람도 있다.

1975년 내가 제17회 사법시험에 합격했을 당시는 물론이고, 20년이 거의 다 된 지금까지도 내게 묻는 분들이 의외로 많다. 칭찬도 반인 것 같고 호기심도 반인 것 같다. 그런데 그때마다 제대로 대답을 해 주지 못했다. 워낙 오래전의 일이고 또한 조금은 쑥스럽기도 해서였다.

그러나 혼자 그때의 일을 생각하면 지금도 가슴이 뛰고 흐뭇해진다. 남들보다 많이 힘든 상황에서 공부를 했고 시험에 합격해서 그런지, 내 인생을 되돌아볼 때 사법 고시에 합격했던 그 순간만큼 행복했고 성취감을 느꼈던 적은 없는 것 같다.

시험에 합격하고 나서 수험 잡지인 『고시계』 1975년 7월호에 「과정도 하나의 직업이었다」라는 제목으로 고시 합격기를 쓴 적이 있다. 이번에 책을 내기 위해 『고시계』 1975년 7월호를 어렵게 구해 오랜만에 내 합격기를 읽어 보았다. 괜스레 눈시울이 붉어졌다.

아, 참으로 절망도 깊었고 일도 많았던 고시 공부 시절……

어릴 때 쓴 것이라 여기저기 어색한 데도 많고 유치하게 느껴지는 데도 있지만, 그 당시의 느낌을 생생하게 전하고 싶어 손

보지 않고 그대로 싣는다. 그동안 나의 고시 공부 시절에 대해 물어보았던 분들께 만족스런 대답이 되는지는 모르겠지만.

* * *

과정도 하나의 직업이었다

## 1. 머리에

지나간 일은 언제나 아름답게만 보인다지요? 산꼭대기에서는 힘겹게 올라온 가파른 산길마저도 한 폭의 그림처럼 보이듯이 말입니다. 또 승자의 과거는 그것이 자서전이든 타인의 작품이든 가끔 신화적으로 수식되어 있음을 봅니다.

사법시험의 합격, 이것이 긴 여정에서 하나의 중간 목적지에 불과하지만 하나의 성취와 조그마한 승리로 평가될 수도 있기에, 막상 합격기라는 것을 쓰려 하니 자칫 어떤 승리감에 도취되거나 과거를 돌아보는 낭만적인 기분에 도취되어 힘겹고 괴로웠던 긴 수험 과정의 체험을 스스로 미화시켜 얘기하는 잘못을 범하게 될까 여간 두렵지 않습니다.

그러나 고졸 합격자라는 다소 특이한 제 입장이 독학도들에게 어떤 관심의 대상이 될 수도 있지 않을까 하여, 둔한 솜씨나마 될 수 있는 한 사실대로 기억을 더듬고 그때의 생생한 감정들을 살려서 몇 자 쓰고자 합니다.

## 2. 동기 — 꿈을 키우던 시절

나는 경남 진영이라는 읍에서 약 10리나 떨어진 산골 가난한 농가에서 태어났다. 위로는 형님이 두 분으로, 큰형님은 부산대학교 법대를 졸업하고 사법 고시를 준비하였으나, 본래 가난한 살림에 벅찬 대학 공부 때문에 가세는 더욱 기울어 내가 초등학교 5학년 때쯤 끝내 응시도 해 보지 못한 채 그만두고 말았다.

당시 나는 형님을 따라 마을 뒤에 있는 봉화사라는 절에 가서 그곳에서 고시 공부를 하는 형님 친구들의 법 이론이나 시국에 대한 토론을 자주 듣곤 했으며, 또 형님은 자신의 좌절에서 오는 울적한 심정을 털어놓기를 좋아했던 모양으로 가끔 상기된 어조로 나에게 여러 가지 얘기를 들려주곤 했다.

물론 나는 그때의 얘기들이 너무 어려워서 잘 이해되지 않는 것이 많았으나, 그들의 엄숙한 표정과 격한 어조의 토론은 만만한 젊음의 패기와 이상을, 그리고 격렬한 논쟁의 뒤에 주고받는 소탈한 웃음은 사나이들의 인간미와 호기를 상징하는 것으로 느꼈고, 이것들이 고시 학도들의 속성이요 또 그들만이 가지고 있는 특권으로까지 생각했다. 결국 이런 분위기는 나에게 고시를 해 보겠다는 막연한 꿈을 갖게 해 주었다.

그러나 살림은 더욱 기울어 작은형님은 학업을 중단했다. 부모님의 노동 능력은 차츰 줄어 갔고, 마침내 최후의 명줄로 남아 있던 조그만 과수원마저 빚에 쪼들려 처분해야 했다. 나는 3학년이 되면서 일찌감치 고교 진학을 포기하고, 5급 공무원 시험을 거쳐 독학으로 고등고시에까지 밀고 나가 보겠다는 결심으로 옛날 형님께서 보시던 누렇게 바랜 『법제 대의』와 『헌법의 기초 이론』 (유진오)을 꺼내 읽기 시작했다.

그러나 그해 10월에는 일자리를 찾아 나갔던 형님께서 돌아와 내가 하는 꼴을 보고 크게 나무라시며 진학을 권하셨다. 나도 가정 사정을 들어 고집을 부려 보긴 했으나 끝내 강권에 못 이겨 부산상고에 장학생으로 들어가게 되었다. 그러나 예순이 넘으신 부모님들의 생활은 아무런 토지의 근거도 없이 자신들의 노동으로 해결하시도록 내버려 둔 채 작은형님이 어렵고 힘든 직장을 전전하며 번 돈으로 내 숙식비를 부담해야 했으니, 대학 진학은 아예 엄두도 내어 보지도 못하고 취직반에 들어갔다.

그래도 역시 막연하게나마 길러 오던 고시에의 꿈을 버릴 수는 없었던지 3학년 말 농협에 취직 시험을 치른 후 발표도 나기 전에 1965년도 11월호 『고시계』를 한 권 샀다. 고시의 냄새를 알기 위하여…….

### 3. 출범, 그리고 표류

농협에의 낙방에 이어 개인 회사에 취직했으나 생각보다 급료가 박했고 근무 시간이 많았던 것은 고시로 향한 출범의 결정적 계기가 되었다. 야산 돌밭을 개간하여 심은 고구마와 영세민 취로 사업장에서 내주는 밀가루로 연명하시는 부모님들의 실망을 모른 체하고 직장을 그만두었다.

한 달 반의 급료 6,000원으로 몇 권의 책을 사고 마을 건너편 산기슭에 토담집을 손수 지어 '마옥당'(磨玉堂)이라 이름 붙인 후, '사법 및 행정요원 예비시험'을 준비하기 시작했다(당시에는 학력 제한이 있었다). 책값을 벌겠다고 울산 한국비료 공장 건설 공사장에 막노동을 하러 갔다가 이빨이 세 개나 부러지고 턱이 찢어지는 불운을 겪으면서도, 용케 11월에는 제7회 예시에 합격하였다.

　4개월 정도의 준비로 예시에 합격하는 행운과 함께 이제까지의 나의 처절한 투쟁은 막을 내렸다. 나의 예시 합격에 자극 받아 큰형님은 1967년에, 작은형님은 1968년에 각각 5급 공무원 시험에 합격했기 때문이었다.

　그러나 1967년에는 법률 서적을 살 형편이 못 되어 예비시험 과목을 새로 공부하고 있다가 1968년에는 군에 입대했다. 군에 있는 동안에도 공부를 해 보려고 애썼으나 영어 단어 하나 암기를 못하고 3년을 표류하고 말았다.

### 4. 열풍에 돛을 달고 — 그리고 좌초

1971년 제대를 하고 집에 오니 집안 사정은 상당히 호전되어 있었다. 4월부터 옛날의 '마옥당'을 수리하여 공부를 시작, 5월 2일에 3급 1차에 합격, 그리고 사법시험으로 전환, 처음 법률 책을 대하니 다소 흥분되기도 했으나 과연 이 어려운 것을 해낼 수 있을지 더럭 겁부터 났다.

　그러나 소설을 읽듯이 마구 읽었다. 생각보다 쉬웠다. 겉만 슬슬 핥으니 그럴 수밖에……. 전 과목을 무질서하게 읽었다. 행정법과 상법이 좀 어려운 듯했다. 민법을 모르니 그럴 수밖에……. 소송법은 전혀 무슨 말인지 알 수가 없었다. 실체법을 모르니 그럴 수밖에……. 4개월에 걸쳐 오리무중을 헤매면서 전 과목 3회독을 마쳤다.

　『고시계』를 1966년도부터 소급해서 샀다. 그러나 합격기 말고는 아무것도 읽을 수 없었다. 그동안의 체험과 『고시계』 합격기에서 읽은 것을 정리하여 얻은 것은 책을 읽는 순서 정도였다. 이리하여 민법을 먼저 읽고 상법과 행정법에 들어가고 실체법을 먼저 읽고 소송법에 들어간다는 순서를 정하여 9월부터 시작했다. 새로 읽으니 과거의 3회독은 간 곳 없고 전혀 새로 읽는 기분이었다. 한 페이지 한 페이지가 다시 어려워졌다.

그러던 중 10월에 14회 공고가 났다. 외면하려 했으나 자꾸만 들떴고 마침내는 고시 사상 최단기 기록을 목표로 하여 무작정 덤볐다. 문제집을 샀다.

1차의 합격은 나의 이러한 만용을 더욱 부채질했다. 이젠 문제집마저도 내 나름대로 밑줄을 긋고 그 부분만 골라 읽었다. 8개월 정도의 준비로 2차 시험에 응했다.

시험장에서 고향의 중학교 후배를 만났다. 사법시험 준비는 나보다 훨씬 선배였다. 나의 공부 기간을 듣고는 "전 과목을 한 번 다 보지도 못했겠네요?" 했다. 어리석게도 나는 자신이 무시당하는 기분에 적이 분개하면서 우습게 받아넘겼다. '두고 보라지……?' 정말 하룻강아지 범 무서운 줄을 모르는 막강한 뱃심이었다. 이런 뱃심으로 시험에 응했다. 기막히게 더 잘 썼다. 내가 아는 것은 다 썼고 또 아는 것은 그뿐이었으며 집에 와서 책을 대조해 보지도 않았으니, 기막히게 잘 썼다고 생각할 수밖에……. 점수는 50점 얼마였다.

뒤에 읽어 보니 문제집에 밑줄을 그어 두었던 부분이 모두 엉터리였다. 다른 색깔로 새로 밑줄을 고쳐야 할 판이었다. 이러한 결과에도 불구하고 수많은 응시자를 젖히고(?) 과락 없이 300명 선에 들어갔으니 다음에는 틀림없을 거라고 또 한 번 낙관

했다. 그러나 발표 후 5~6개월을 이유 없이 허송했다. 제대 후 공부도 시작하기 전부터 마을 처녀에게 마음을 뺏기기 시작하여 상대방의 단호한 거부에도 불구하고 열을 올리게 되고 8개월에 걸쳐 집요하게 추근거려 1차 시험 직전에야 겨우 처녀의 마음을 함락시키고는 안도했는데, 이제 그녀가 결혼 적령을 넘었다는 사실과 고시와 연애는 양립할 수 없다는 중론 사이에서 그녀와 나는 고민의 연쇄반응을 일으켰고, 또 이틀이 멀다 하고 만나지 않고는 배길 수 없는 애정의 열도에 비례하여 공부를 위한 시간에의 집착이 강하여 심리적 갈등이 심했기 때문이다.

그러다가 9월에야 정신을 바짝 차리고 장유암이라는 절에 들어갔다. 국사의 추가로 부담이 늘었지만 시험이 연기된 것을 다행으로 여겨 '수석 합격'이라는 표어를 내걸고 열심히 공부를 했다.

1973년 1월에는 예년의 시험 대신에 그녀와 결혼했고 5월에는 아들도 낳았으나 나는 여전히 절에서 계속 열을 올리고 있었다.

아! 그런데…… 글쎄 정말 이럴 수가! 그렇게 끔찍이도 나를 아껴 주시며 자신의 못다 한 소망을 나에게 걸어 꿈을 키워 주시던 큰형님이 5월 14일 교통사고로 저세상으로 떠나 버리셨다.

한 줌 잿가루로 화해 버린 형님의 유해를 고향에 묻고 절로 올라올 때는 길도 제대로 보이지 않았고 그때부터 전혀 공부도 되지 않았다. 단지 타성에 의하여 책장을 넘기고 있는 동안에도 마음은 삶과 죽음에 대한 밑도 끝도 없는 생각들과 고시와 출세에 대한 회의로 가득 차 있을 뿐이었다.

그래도 결론은 하나, 형님의 꿈 그리고 나의 꿈, 어떻든 고시는 필연적이었다. 15회 시험까지 남은 기간은 40여 일뿐, 차츰 초조해지기 시작하고 마침내 책을 읽기만 하면 가슴이 울렁거리며 답답해지는 알지 못할 병에 걸리고 말았다. 하는 수 없이 시험을 한 달 앞두고 보따리를 싸 들고 집으로 내려왔다.

　　그러나 아직 산고가 풀리지 않아 부자유스러운 아내와 핏덩이 신걸이, 자식을 잃은 부모님의 비탄……. 공부가 될 리 없으니 병은 점점 더해지고……. 수석 합격이라는 화려한 표어와는 달리 응시조차 포기하고 싶은 것을 부모님의 시선이 두려워 마지못해 상경하였으나, 시험 첫날부터 가슴이 답답하고 목구멍에 무엇이 치밀어 올라 우유와 계란 외에는 아무것도 먹지 못했고 그래도 기를 쓰고 책을 볼라치면 몸에서 식은땀이 배어 나왔다.

　　『고시계』의 통계란에 따르면 결과는 90위 정도, 정리만 잘하면…… 하는 자신을 얻은 셈이었다.

### 5. 새로운 좌표 — 직업의식

그러나 좀 쉬어야 했다. 책을 잡기만 하면 예의 증세가 나를 괴롭혔다. 고시를 그만둘까도 싶었다.

　　학교 성적이 우수했다는 사실이 반드시 고시를 해야 할 필연적 이유로 되는 것도 아니라는 것을 깨닫게도 되었고, 법을 공부하면서 차츰 정의의 이념을 배워 가는 동안 '고시=권력=출세'라는 과거에 내가 생각했던 등식이 우스운 것임을 느끼게 될 무렵 형님의 뜻 아닌 타계는 예시 과목의 철학 개론을 공부하면서부터 어렴풋하게나마 생각해 오던 삶의 의미를 보다 깊이 생각하게 하는 계기가 되었고, 맹목적 출세주의와 '그 수단으로서의 고시'라는 과거의 생각에 결정적인 쐐기를 박았다.

그러나 상고를 졸업한 지 너무 오래되어 새로운 진로를 찾기
는 어렵고 하여 고시를 그만두지는 못했다.

다만 이제는 고시 아니면 파멸이라는 배수의 진은 거두어 버
리고, 하나의 직업인이 자기의 생각에 충실히 종사하듯이 고시
공부도 평범한 생활의 일부로 생각하려 했다. '수석 합격'이라는
표어 대신에 '천직=소명'이라 써 붙이고, 숙소를 마옥당에서 집으
로 철수하여 직장에 출퇴근하는 기분으로 낮에는 마옥당에서 공
부하고 밤에는 집에 와서 여유가 있을 때만 공부하기로 하였다.

아기가 울면 달래기도 하고 기저귀도 갈아 채우고 밤이 늦도
록 아내와 정담을 나누며 잠을 덜 자면 이튿날 낮잠을 잤다. 그러
나 가슴과 목의 증세는 쉽게 낫질 않아 16회 시험까지는 부담 없
이 쉬었다.

16회 시험도 주위의 시선이 두려워 응시한 정도였고 성적은
15회보다 내려 130위 안팎으로 생각되었다.

17회 준비 1년간은 정말 순조로웠다. 절에 있을 때 만들었던
독서대의 실용신안 특허출원 관계로 9~10월에 조금 쉰 것 말고
는 가끔 아내와의 대판으로 선풍기 목이 부러지거나 문짝이 떨어
져 나가는 활극이 연출되기도 하는 가운데에도 예전과 같이 재미
있는 생활이 계속되었다. 10월 하순부터는 풀었던 긴장을 바짝
조여 이때부터는 아내가 들 건너 마옥당까지 점심을 날라다 주었
고 잠은 여전히 집에서 잤으나 신걸이가 잠들기 전에는 우리 방
에 못 오게 하고 책을 보았다.

그러나 17회 때에도 역시 정리가 다 되지는 않았다. 단지 다

른 어느 때보다 정리 기간이 착실했으니 훨씬 낫겠지……. 집을 나서면서 아내에게 "신문 기자들이 수석 합격자 인터뷰하러 올 테니 당신도 피력할 소감 한마디 준비해 두지그래" 하고 허풍을 쳤다.

건강은 좋았고 시험은 순조로웠다. 집에 와서도 역시 출발 전의 호언장담을 되풀이했다. 3월 27일 아침을 먹고는 불안을 떨쳐 버릴 수 없어 진작부터 낮잠에 들어갔다. 꿈결에 "무현아! 무현아!" 하는 친구의 떨리는 목소리, 그도 뒷말을 잇지 못했고 더 들을 필요도 없이 아내는 내 무릎에 엎드려 부끄러운 줄도 모르고 엉엉 소리 내어 울었다.

"형님! 지하에서도 신문을 보십니까? 아버지 어머니도 형님 생각에 자꾸만 우십니다."

## 6. 더하고 싶은 이야기

공부 방법, 책의 선택, 공부 장소, 시간, 독서 방법 등에 관한 문제는 각자 제 것이겠지요. 그래도 일반론이 있다면 이미 많은 선배님들의 합격기가 말한 것과 나도 같습니다.

그래서 제 특이한 입장에 관한 것과 또 제가 따로 하고 싶은 얘기만 골라서 제 경험을 예로 들어 쓰렵니다. 다만 개인의 경험을 일반화하여 얘기하는 것은 객관성을 잃지 않을까 하는 걱정도 됩니다마는, 어느 정도 참고는 되리라 믿습니다.

### 1) 독학에 대하여

응시자 중에 4년제는 물론 초급대학에도 안 간 사람들만을 독학도로 계산해도 그 수는 600명을 넘는데, 이 수는 서울대 출신 응시자 800명에 육박하는 수임에도 합격자 수는 수년 만에 하나씩 나올 뿐으로 도저히 비교가 안 된다. 이런 점을 보면 대학교에는 꼭 가는 것이 좋을 것 같다.

주로 경제 사정과 연령이 문제인 것 같으나, 경제 문제라면 요즘 일부 사립대학에서 고시반을 편성하여 학비는 물론 숙식 일체까지 밀어준다고 하니 오히려 독학보다 경제적으로 부담이 가벼울 것이다. 연령 문제도 생각 나름이 아닐까?

### 2) 예비시험 제도

그래도 구태여 독학을 하겠다면 독학도들의 고시 합격률이 지극히 저조한 데 반하여 대학 출신자 중에는 법대 출신이 아니고도 고시에 합격하는 사람이 많고 17회에는 수석 합격자가 공대 출신이다. 이러한 결과는 여러 가지 원인으로 연유하는 것이겠으나 나는 이 점을 대학에서 얻게 되는 일반교양 과정의 지식 탓이 아닌가 생각한다.

나는 과거 예비고시에 합격한 후에도 법서를 살 형편이 못 되어 군에 입대하기까지 1년간을 예시 과목의 책을 그대로 읽었고 이것이 제대 후 법서를 공부할 때 싱당한 노움을 준 것 같았다. 이런 점에서 학력 제한이 철폐된 오늘의 제도보다 과거의 예비시험 제도가 보다 합리적인 제도가 아닐까?

흔히 독학도들은 소위 공부 방법이나 수험 정보, 고시 기술론, 고시 분위기 등에 생소함을 걱정하게 되나 그런 점은 고시 잡지로 충분하다고 생각한다. 나는 수험 기간 중 많은 사람들과 애기를 나누어 보았으나, 수험 잡지의 합격기나 좌담회, 통계, 기타 안내 편에 나오는 이상의 아무것도 얻을 수 없었다.

### 3) 병역 문제

군에서 공부하기는 어렵지 않을까? 그러나 어차피 가야 한다면 일찍 갔다 오는 것이 좋을 것이다. 나는 현역 복무 중 가는 세월을 한없이 초조하게 생각했으나, 마치고 나니 부담이 없어 좋았고 또 졸병 생활 자체가 하나의 수업이 되지 않았나 생각된다. 수험 과정 중에 필요했던 끈기 있는 자세는 군에서 몸에 익힌 바 큰 것이었다.

### 4) 연애와 결혼

처음 8개월에 걸친 일방적 구애 작전은 시간과 정력의 손실이 너무 컸다. 그러나 일단 결혼한 후에는 오히려 도움이 되었다. 아내의 세심한 배려는 말할 것도 없고 점심을 가지고 올 때면 언제나 따라오는 개구쟁이 신걸이의 재롱은 식사 시간을 즐겁게 해 주었다. 붉은 낙조를 바라보며 집에 건너오면 또 반겨 주는 신걸이의 고사리손이 하루의 긴장과 피로를 깨끗이 잊게 해 주어, 나는 침체기를 몰랐고 따로 휴식이나 기분 전환 거리가 필요 없었다.

애타는 애인들 있으면 결혼들 합시다.

### 5) 건강

절대적 조건임은 두말할 것도 없고 다만 공부로 오는 정신적 육체적 피로보다 초조, 불안 등의 심리적 파탄에서 오는 손실이 훨씬 더 심각하고 장기적인 것이다. '고시 아니면 파멸'이라는 생각이나 출세에의 지나친 집착, '최단기', '수석 합격' 등의 욕심은 사람을 견딜 수 없이 초조하게 만들었다.

오히려 하나의 직업인이 성실하게 직장에 임하듯 수험 생활에 임했더니 장기에 걸쳐 장소를 옮기지도 않고 공백 기간도 없이 공부를 할 수 있었다. 많은 사람들이 직업을 바꾸고도 곧잘 대성하더라. 일정 시까지 안 되면 직업을 바꾸면 그만이다. 여하튼 다소간의 긴장은 필요하겠으나 지나친 긴장 불안 초조는 금물이다. 또 며칠을 허송했다 하여 갑자기 초조해지고 그를 보상하겠다고 급하게 열을 올리고 무리를 하는 것은 잇달아서 또다시 며칠의 침체와 시간의 낭비를 강요하는 결과가 되기 십상이다. 지나간 시간은 아무리 아까워도 깨끗이 잊는 것이 좋다. 장기전에서의 며칠의 허송은 그리 문제되지 않는다. 나는 최종 정리 기간에도 부부 관계는 억지로 금욕하지는 않았다.

여하튼 나는 이런 느슨한 자세로 공부했다. 그러나 결코 남보다 노력을 덜하지는 않았다. 보통 10시간은 넘게 공부했고 일단 책상에 앉으면 무서운 집중력을 구사했다. 머리가 혼란해지고 잡념이 생길 때에는 책을 보면 머리가 맑아지고 안정이 되었다. 그러나 일단 책을 떠나면 고시는 깨끗이 잊었다. 이런 느슨하면서도 투철한 자세는 확고한 직업관에서 왔다고 생각되지만, 또 합격에의 신념으로 보완될 때 더욱 안정적이라 생각된다.

# 돈 잘 버는 변호사와 부림사건

판사직을 그만두고 1978년 5월 드디어 변호사 개업을 했다. 나의 꿈은 물론 전문 변호사가 되는 것이었다. 여러 전문 변호사와 함께 법률사무소를 차려 종합적인 법률 서비스를 하는, 그런 사무실을 해 보고 싶었다.

그러나 막상 개업을 해 보니 그것은 무척 어려운 일이었다. 그날그날 사건에 쫓겨 공부를 할 시간이 없었다.

무엇보다 몸을 빼내 시간적인 여유를 가져야만 전문 분야를 준비할 수 있을 것 같았다. 그래서 부동산 등기 업무에 손을 댔다. 이 일은 변호사와 사법서사가 할 수 있는 일이었는데, 당시에는 주로 사법서사들만 해 오고 있었다. 직원 몇 명을 데리고 있으면 시간을 덜 뺏기고도 제법 수입을 올릴 수가 있었다.

그러나 얼마 안 가 그 일을 더 이상 할 수가 없었다. 변호사나 사법서사 본인이 직접 법원으로 출두해 서류를 접수시켜야 한다는 원칙이 되살아나 버렸기 때문이었다.

원래 당시 법규에는 사법서사나 변호사 본인이 직접 출두하게끔 되어 있었다. 그러나 그것이 원칙대로 시행이 안 되고 변호사나 사법서사가 직원을 대신 보내도 접수를 해 주었던 것이 당시의 관행이었다. 그런데 변호사들이 하나둘씩 등기 업무를 시작하자 사법서사들이 반발을 하고 나섰고, 장차 사법서사들이 될 등기 업무 공무원들도 동조를 해 변호사들의 등기 업무를 봉쇄해 버린 것이다.

　내가 전문 분야에 그렇게 집착했던 것은 당시 관행처럼 되어 왔던 판사와 변호사 사이의 잘못된 관계에 대한 반발감 때문이기도 했다. 끊임없이 판검사에게 굽실거려야 하고 '교제'라는 명목으로 접대를 해야 한다는 것이 못마땅했다. 전문 변호사가 되어 판검사도 함부로 할 수 없게끔 해야 한다는 생각이었다.

변호사 일을 하는 동안 나는 변호사 업무와 맞닿아 있는 법조계의 나쁜 관행을 어떻게 고칠 수 없을까 고민도 많이 하고 이런저런 노력도 많이 했다.

　'교제'라는 이름의 술 접대도 처음 얼마간 조금 하다가 그만두어 버렸다. 검사가 피고인을 윽박지르면 판사에게 항의를 했고 때론 검사와 맞고함을 치며 싸우기도 했다.

　법정에서 변호사에게 핀잔을 잘 주는 판사가 있으면 사전에 소송 절차나 사건의 법리에 대해 충분히 공부를 해 두었다가, 행여 판사가 지나치다 싶으면 지체 없이 반박을 했다. 그 뒤에 올 불이익이나 어려움은 각오하고 열심히도 싸워댔다.

　사실 그때까지만 해도 변호사는 판사나 검사에게 슬슬 기어야 하는 것으로 생각하고 있던 때라 나의 이러한 행동은 꽤나 유별난 것이었다. 처음에는 이런저런 트집도 잡히고 어려움도 많이 겪었지만 나중에 법원에서도 나를 조심스럽게 대해 일하기가 더 편해졌던 것 같다.

　또 당시 큰 고민거리 중의 하나가 사건 알선 커미션이었다. 법원과 검찰의 직원들, 법조계 주변 경찰관, 교도관, 거기다 전문

브로커들까지 설치며 사건을 변호사에게 알선해 주고 커미션을 챙겨 갔다.

점잖은 변호사도 관례화된 액수만큼은 주는 것을 당연한 것으로 받아들이고 있었다. 다만 특별히 커미션을 더 주고 사건을 유치하는 변호사들만 다른 변호사들의 입에 오르내리는 정도였다.

나도 관례에 따라 커미션을 주고 있었다. 그러나 항상 속이 편치 않았다. 그중에서도 사건을 소개하는 사람이 다른 변호사는 얼마 주겠다는데 여긴 얼마 주겠냐며 흥정을 걸어올 때면 정말 견디기 어려웠다. 돈이 좀 될 만한 사건을 들고 와 사무장과 흥정을 벌이고 사무장이 다시 내게 와 얘기를 하는데, 명색이 변호사라는 게 꼴이 말이 아니었다.

그러다가 1982년 연수원을 졸업한 문재인 변호사와 동업을 시작하면서 커미션을 일절 끊어 버렸다. 새로 시작하는 후배 앞에서 차마 추한 꼴을 보여 줄 수 없었기 때문이었다.

그러자 역시 사건 수임이 현저히 떨어져 버렸다. 그나마 쉽고 돈이 되는 사건은 없고 일만 어려우면서 변호사 수임료는 적은 일만 들어오곤 했다. '잘한다'는 얘기는 듣는데 돈은 없고 몸만 고달팠다. 게다가 은행과 같은, 사건이 많은 대량 거래 업체와의 거래마저 끊어져 버렸다. 담당자가 커미션이 없어지자 변호사를 바꾸어 버린 것이다. 그렇게 하나둘 떨어져 나가면서 정말 밥을 굶게 될 지경이 되어 버렸다.

그래서 대신 신용을 얻어 보자고 마음먹고는, 어쩌다 큰 사건이 걸리면 온 정성을 기울여 사건을 처리했다. 그걸 상대방 담당자가 알도록 하기 위해 때론 상담 시간을 밤 시간으로 정해 집으로 불러들여 같이 밤샘을 하며 토론을 벌이기도 했다. 그렇게 해서 열심히 일하는 변호사라는 걸 상대방에게 인식시켜 주곤 했다.

고되고 힘들던 때였지만 그로 인해 나는 변호사로서 확실히 자리 잡을 수가 있었다. 그러나 나만 커미션을 안 준다고 해서 법조계의 풍토가 달라질 리는 없었다.

남에게 미움을 받는 일도 더러 했다. 어느 변호사가 교도관과 짜고는 기소자 명단을 넘겨받아 줄줄이 면담을 하며 변호사 선임을 권유한 일이 있어서 말들이 오가면서도 아무도 나서는 사람이 없어, 내가 변호사협회에 문제 제기를 하고 조사를 나가기도 했다. 검찰과 교도소의 비협조로 결국 무산되기는 했지만, 내 나름대로는 사명감을 가지고 나섰던 일이었다.

그러던 차에 차츰 민권운동에 뛰어들게 되고 노동 분야의 변론도 많이 맡게 되었다. 1983년에는 노동법률사무소를 차려 본의 아니게 노동 전문 변호사가 되어 버렸다. 재야 운동에 본격적으로 뛰어들던 1986년 9월부터는 노동 사건, 시국 사건, 그리고 조세 사건 외에는 모두 다른 변호사에게 맡겨 버렸다.

개업 당시 계획했던 전문 변호사들에 의한 종합 법률 서비스가 뜻하지 않게 내가 재야 운동에 뛰어듦으로 해서 이루어진 셈이다.

내가 처음부터 전문 분야로 하고 싶었던 조세 분야는 재야 운동의 와중에도 틈틈이 해 나갔다. 승소율도 높았고 잘한다는 소문이 나자 사건 수임도 많아졌다. 이후 내가 정치에 뛰어들지 않았다면 나는 아마 부산에서 꽤 잘나가는 조세 전문 변호사가 되어 있었을 것이다.

재야 운동에 뛰어들면서부터 내 의식은 큰 변화를 겪게 되었다. 판사로서 변호사로서 살아온 그간의 내 삶이 조금씩 부끄럽게 여겨지기 시작했다. 우리 사회와 이웃들의 삶에 대해 너무나 무관심하게 살아온 사실을 비로소 깨닫기 시작했다.

'부림사건'은 내가 재야 운동에 뛰어들게 된 결정적인 계기였다. 그리고 내 삶에서의 가장 큰 전환점이기도 했다.

그 일 이전에 부산에서는 1979년 부마항쟁이 있었다. 김광일, 이흥록 변호사가 영장도 없이 구금되고 수많은 학생들이 붙잡혀 고문당하고 감옥으로 끌려갔다.

그런데 당시 나는 바로 옆에 있던 변호사가 그런 일을 당해도 그저 소문으로만 들어 넘겼을 뿐 별 관심조차도 가지지 못했다. 모두들 끼어들 여지가 없는 줄 알았고, 나도 그런 줄로만 생각했다.

전두환 정권은 집권 첫해인 1980년에 이미 대부분의 저항 세력을 제거했다. 그리고 마지막 남은 학생운동권을 최종적으로 정리했는데 그것이 바로 '부림사건'이었다. 그것은 비슷한 시기 서울에서 일어난 무림, 학림사건과 마찬가지로 저항의 기미가 있는 자들에 대한 일종의 예비 검속이었다.

'부림사건'에는 사실 '사건'이 없다. 무슨 저항의 움직임이 구체적으로 있었던 것이 아니라 억지로 엮어 낸 조작된 사건이었다. 1979년에 이흥록 변호사가 양서 조합을 만들었었는데 그 회원들이 대부분 잡혀 들어갔던 것이 전부이다.

내가 그 사건의 변론을 맡게 된 것은 이흥록 변호사의 응원 요청을 받아들인 것이었다. 검사가 김광일 변호사를 그 사건에 함께 엮겠다고 협박하는 바람에 김광일 변호사가 그 사건 변론을 할 수 없어 손이 모자란다는 것이었다.

그때만 해도 난 사건의 내용이나 성격을 파악하기는커녕 시국에 대한 최소한의 인식도 가지고 있지를 못했다. 그럼에도 선뜻 변론에 나선 것은 무엇이든 두려워하지 않고 피하지 않겠다는 생각 때문이었다.

그런데 막상 사건의 내용을 파악해 보니 이건 너무나 터무니없는 것이었다. 지금 생각하면 아무것도 아닌 책들, 예를 들어 『전환시대의 논리』, 『난장이가 쏘아올린 작은 공』, 『우상과 이성』 같은 책을 읽었다는 게 죄가 되었다.

돌잔치에 모인 몇 사람이 정부를 비판한 몇 마디는 정권 전복 기도로 둔갑했다. 탁구장에서 탁구를 치며 한 얘기, 여름철 계곡에서 놀며 한 얘기, 두 사람이 다방에서 한 얘기까지 모두 불법집회요 계엄 포고령 위반이 되어 있었다.

그렇게 붙잡혀 들어간 사람 중 한 젊은이를 교도소에서 접견을 하게 되었다. 그는 57일간이나 경찰에 구금되어 매 맞고 조사받고 통닭구이 등 온갖 고문을 당해 왔다. 그러나 그 학생의 가족들은 전혀 그 사실을 모르고 있었다.

그의 어머니는 아들이 행방불명되자 문득 3·15부정선거 때 마산 앞바다에서 시체로 떠오른 김주열이가 떠올라, 부산 영도다리 아래에서부터 시작해 동래산성 풀밭에까지 아들의 시체를 찾겠다며 마치 실성한 사람처럼 온 부산 시내를 헤매고 다녔다는 것이었다.

집으로 연락조차 못했던 그 학생을 내가 처음 접견했을 때 그는 경찰의 치료를 받아 고문으로 인한 상처 흔적을 거의 지운 후라고 했다. 그런데도 온몸과 다리에는 시퍼런 멍 자국이 남아 있었다.

얼마나 고문을 당하고 충격을 받았는지 처음에는 변호사인 나조차 믿으려 하질 않았다. 공포에 질린 눈으로 슬금슬금 눈치를 살피는 것이었다. 한창 피어나야 할 한 젊은이의 그 처참한 모습이란……

눈앞이 캄캄해졌다. 세상에 어떻게 이런 일이…… 상상조차 해 본 일이 없는 그 모습에 기가 꽉 막혔다. 분노로 인해 머릿속이 헝클어지고 피가 거꾸로 솟는 듯했다. 도저히 스스로를 걷잡을 수 없을 만큼 큰 충격이었다.

정말 이것만은 세상에 꼭 폭로해야겠다고 마음을 다져 먹고 변론을 시작했다. 통닭구이 등의 고문과 무수한 매질, 접견은커녕 집으로 연락조차 없었던 일, 아들을 찾아 나선 그 어머니의 처참했던 심경 등을 낱낱이 적어 법정에서 따져 물었다. 방청석은 울음바다가 되었다.

입장이 곤란해진 판사는 벌레 씹은 표정으로 안절부절못했고 검사는 얼굴이 뻘게져 법정의 분위기가 험악해졌다. 한편으로는 겁도 났지만 나 또한 워낙 흥분되어 있어 앞뒤 생각할 여유도 없었다. 변론을 끝내고 나올 때까지 거의 제정신이 아니었다.

다음 날 검사가 나를 좀 보자고 해서 갔더니 고문당한 그 학생을 자기 방에 불러다 놓고 있었다. 검사가 하는 말이 "어제 당신이 이 학생의 발톱이 빠졌다고 했지?", "야, 너 양말 벗어 봐." 그

학생이 양말을 벗자, 발톱이 새까맣게 죽어 반쯤 떠 있는데 금세라도 빠질 것처럼 보였다.

검사가 하는 말, "어디가 빠졌어? 실체적 진실을 밝히는 데 협조해야 할 변호사가 법정에서 거짓말을 해! 이래도 되겠소?" 워낙 정신이 없었기 때문에 내가 법정에서 발톱이 빠졌다고 얘기했는지 죽어 있다고 얘기했는지 기억이 정확하지 않았다.

그러나 발톱이 빠진 것과 죽어 있는 것의 차이가 무엇인가. 중요한 것은 그 정도로 혹독한 고문을 했다는 사실인데.

내가 그렇게 되따져 묻자 검사는 협박조로 나오기 시작했다.

"지금 세상이 어떻게 돌아가는지도 모르고……. 전두환 장군이 대통령이 된 이후 어떻게 권력을 유지해 나가는지 알기나 하시오? 지금 부산에서 변호사 한두 명이 죽었다고 해서 그게 무슨 대단한 일이 될 줄 아시오?"

검사의 그 협박은 오히려 나의 투지에 불을 붙여 놓았다. 그 일 이후 나는 감정적으로 굉장히 격앙된 상태에서 그 일을 진행했다. 대단히 정열적으로 그 사건에 매달렸다.

법정에서도 사사건건 싸웠다. 검사가 조금이라도 피고인을 몰아붙이기라도 하면 즉시 항의를 했고 검사와 삿대질을 해 가며 팽팽하게 맞섰다. 그러나 결국 당시의 재판정은 그 학생들에게 징역 5년에서 7년까지 터무니없는 중형을 선고하고 말았다.

재판이 열리던 당시 판사실에서 만난 판사는 "그놈들 거 말하는 것 좀 보시오. 완전히 빨갱이들 아닙니까"라고 했다.

이후 시국 사건이 있을 때마다 나는 대단히 공격적인 변론 태도를 갖게 되었다. 덕분에 부산에서는 아주 위험한 인물로 찍히고 1987년 2월 박종철 군 추모 시위 때 검찰이 김광일 변호사도 제쳐 놓고 내게만 영장을 청구한 적이 있었다. 세 번이나 기각된 영장을 또다시 청구했던 걸 보면 당시 검찰이 나를 얼마나 눈 속의 가시로 생각했는지 짐작이 된다.

'부림사건'은 내게 있어 또 다른 의미를 가지고 있다. 그때까지 나는 독재와 고문에 대해서만 분개해 왔던 게 사실이다. 그런데 부림사건이 진행되고 있는 와중에도 학생들은 나에게 독점자본에 의한 노동 착취와 빈부 격차의 모순 같은 문제를 이해시키려고 노력했다. 그러면서 자신들이 읽다 붙잡혀 온 그 책들을 읽기를 권했다.

　　바쁜 데다 경황이 없어 책이 잘 읽히질 않았다. 나 또한 짧은 식견으로 토론을 하며 오히려 그들을 설득시키려고 하기도 했다. 학생들이 무엇을 말하려고 하는지 그땐 잘 이해도 못하고 넘어갔다.

　　그러나 나는 그때 그들로부터 많은 감명을 받았다. 그리고 그들의 관심사에 관해서도 차츰 눈을 뜨게 되었다. 훗날 그들이 석방되어 나올 때쯤에는 나도 꽤 많은 책을 읽고 있었으나, 그보다는 그들의 순수한 열정과 성실함이 나를 운동으로 끌어들인 것 같다.

　　그때 만난 사람들 중에 이호철이란 젊은 친구가 있었다. 그는 동일한 사건으로 좀 뒤에 체포되었는데 부산지법 서석구 판사의 소신에 의해 무죄 판결을 받았다. 결국 서석구 판사는 진주로 좌천된 후 사표를 냈고 지금은 대구에서 변호사로 활동하고 있다.

물론 이호철 그 친구도 검찰의 항고로 끝내 유죄 판결을 받았다.

이후 '부산민주시민협의회'와 '국민운동본부' 일을 하면서 그 친구와 나는 아주 호흡이 잘 맞는 파트너가 되었다. 내 또래에서는 내가 가장 열성적이었고 그 친구 또래에서는 그 친구가 가장 중심적인 역할을 했다. 서로 손발도 잘 맞았고 그래서 서로 좋아하기도 했다.

내가 정치에 뛰어들어 13대 선거에 출마하자 열성적으로 참모 역할을 해 주었다. 그러나 자기가 무슨 자리를 바라서 일한 게 아니란 걸 보이고 싶었던지 당선 후 내가 같이 일하자고 권했지만 듣지를 않았다. 김광일 의원도 똑같은 제의를 했지만 그는 홀연히 노동 현장으로 들어가고 말았다. 아쉽기도 했지만 한편으로는 그의 담백한 삶의 태도와 헌신성이 존경스럽기도 했다.

이후 1989년 1월 내가 국회의원 사퇴서를 내고 잠적 중일 때였다. 어떻게 알았는지 용하게도 강릉으로 나를 찾아왔다. 사퇴서를 철회하라는 것이었다. 그러면 자기가 내 일을 도와주겠다고 했다. 그때 이후 14대 선거 때까지 그는 나를 도와주었다.

간혹 내가 그의 정치 입문을 도와주려고 입을 연 때가 있었는데 그럴 때마다 그는 결벽증에 가까우리만치 사양을 했다. 30대 중반을 넘긴 나이에도 불구하고 그토록 깨끗하고 순수한 영혼을 지닐 수 있다는 게 나에게는 놀라운 감동으로 남아 있다.

# 삶의 바로 그 현장으로

1982년 5월 부산에서 국내뿐만 아니라 미국에까지 비상한 관심을 불러일으킨 사건이 터졌다. 바로 부산 미국문화원 방화사건이다. 부산의 몇몇 대학생들이 1980년 광주학살 때 미국의 책임에 대한 항의 표시로 불을 질렀는데 뜻하지 않게 도서관에서 공부 중이던 학생이 숨진 사건이었다.

문부식, 김현장에 이어 원주 교구의 최기식 신부가 구속되기에 이르렀다. 그러자 서울에서 유명한 인권 변호사들이 죄다 부산으로 내려왔다. 이돈명, 유현석, 홍성우, 황인철 변호사가 내려왔고 부산의 김광일 변호사 등이 가세했다.

나는 제일 후배 변호사였다. 그러니 내가 할 몫도 적어 부담도 없었다. 그때 천주교 교인들과 수녀들이 법원 마당을 빽빽이 채우고 찬송과 기도를 하곤 했다. 그걸 보고선 반독재 민주 운동에 종교 단체의 힘이 얼마나 큰지 새삼 느끼게 되었다.

그 사건 때 내가 맡은 역할은 아주 작았지만 대신 많은 인권 변호사들을 만날 수 있는 계기가 되었다. 지금은 고인이 된 조영래 변호사와도 교류하게 되었고 이후 서울에서 '정법회'와 '민변'을 만들 때도 협력하는 사이가 되었다.

부산에 같이 살면서도 모르고 지냈던 송기인 신부도 그때 만났다. 김광일 변호사, 최성묵 목사와 함께 1970년대 부산의 반독재 운동에 버팀목 역할을 했던 분이다.

이후 송기인 신부는 지금까지 여러 가지로 내게 도움을 많이 베풀었다. 나를 좋아했던 송 신부님은 기어코 나를 자신의 성당에 데려가 공부를 시켜 아내와 함께 세례를 받게 했다. 그래서 나는 유스토, 아내는 아델라라는 세례명을 갖게 됐다.

송 신부는 또 특별히 생각해 대부님으로 아주 훌륭한 분을 소개시켜 주기도 했다. 그러나 교리 공부도 열심히 안 한 데다가 내가 이사를 가고 다른 구역의 성당으로 나가게 되면서 게을러져 버렸다. 결국 '엉터리 신자'가 되어 버린 셈이다.

이후 13대 선거 때 내가 천주교에 입교했다는 소문이 났는지 신자들이 나를 만나면 교우냐고 묻곤 했다. 그럴 때면 나는 매번 우물쭈물했다. 제대로 성당에 나가지도 않으면서 교인이라고 얘기할 수도 없고 그렇다고 표를 주겠다는데 아니랄 수도 없고……

1983년 하반기에 '대화합 조치'라는 미명하에 유화 국면이 시작되었다. 5년, 7년 형을 받았던 부림사건 구속자들도 모두 풀려 나왔다. 그러자 법정에서 학생들이 중형을 두려워하지 않는 묘한 풍조가 생겨났다. 아울러 민주 운동 세력의 결집도 한결 강화되어 나갔다.

그즈음 1984년경 부산에서 '공해문제연구소'가 발족되었고 나는 연구소의 이사가 되었다. 그러나 사무실이 없어 니의 변호사 사무실 한쪽을 막아 사무실로 쓰도록 했다. 그러자 시경 대공과 형사가 아예 사무실 앞에 차를 세워 놓고 주야 교대로 감시를 하는 것이었다.

그래서 더 독이 올랐고 더 열심히 운동에 뛰어들었다. 1985년에는 송기인 신부를 중심으로 '부산민주시민협의회'를 만들었고 학원안정법 반대 투쟁, 권인숙 성고문 규탄, 온산공단 공해 고발, 박종철 고문치사 규탄을 거쳐 1987년 6월항쟁까지…….

　그 사이 공해문제연구소에 이어 노동법률사무소도 차렸고, 1986년경부터는 변호사 업무를 거의 중지하다시피 하고 운동에 전념했다.

그 시절 변호사 사무실을 함께 운영했던 문재인 변호사는 사법연수원을 우수한 성적으로 졸업하고도 발령을 받지 못했다. 대학 시절의 시위 경력 때문이었다. 1982년 나와 같이 일을 하기 시작한 이후 1985년 운동을 본격적으로 할 때도 항상 나와 호흡을 함께 맞추어 왔다. 지금도 문재인 변호사는 부산의 각종 시민운동에 적극적으로 참여하고 있다.

　처음 학생들과 애기를 할 때만 해도 빈부 격차니 억압이니 착취니 하는 말들이 쉬이 귀에 들어오질 않았고, 동의할 수도 없었다. 그런데 노동운동에 대한 변론을 맡으면서 점차 공감이 가기 시작했다. 학생들이 애기했던 말들이 다시 떠오르면서 이해가 되는 것이었다.

　처음엔 노조 결성과 관련한 것보다는 주로 산업재해 관련 소송을 많이 맡았다. 프레스에 손을 잘린 노동자가 많았다. 신체의 일부가 영원히 달아나고 그래서 실직을 당하고 재취업도 어려워 살길이 막막해진 노동자들……. 그들 앞에서 일당이 얼마이고 본인 과실이 몇 퍼센트니 얼마를 주어야 한다는 따위의 계산이 어쩐지 냉혹하다는 생각이 들었다. 법원의 그 계산법은 그 노동자들의 감정으로는 도저히 받아들여질 수 없는 것이었다.

그나마 증인이 있어야만 그 계산법에 의한 보상을 받을 수가 있는데 그것도 쉽지가 않았다. 증인은 보통 그 회사의 동료 직원일 수밖에 없는데, 먹고살자니 회사의 눈치를 안 볼 수가 없다. 통상 회사에서 방해를 해 증인이 출석을 안 하려고 하는 경우가 많았다. 법원과 회사 변호사의 양해를 얻어 강권하다시피 해 출석시키지만 나와서도 증언을 제대로 못했다. 방청석에 앉아 있는 회사 윗사람의 눈치를 살피다가 증언을 회피하거나 거짓말을 하기도 했다.

그렇게 재판이 끝나고 나오면 법정 밖에서 한바탕 난리가 벌어지기도 한다. 왜 제대로 얘기 안 했냐며 울면서 항의하는 산재 노동자, 할 말을 찾지 못하고 비실비실 도망가는 증인…… 한때 절친한 동료였을 두 노동자의 비정한 순간은 또 다른 고통의 모습이었다.

언젠가 하루는 증인이 나왔는데 말을 잘 알아듣질 못했다. 자꾸 물으니까 큰소리로 얘기해 달라고 했다. 자기는 원래 시끄러운 공장에서 일하기 때문에 귀가 잘 안 들린다고 했다. 그렇게 얘기하는 그 사람은 별 대수롭지도 않다는 표정이었고 판사는 증인이 말을 잘 알아듣지 못한다고 짜증을 내고 있었다.

참으로 기가 막히는 현실이었다. 증언을 하러 나선 바로 그자신이 바로 산재 피해자인데 본인은 전혀 의식도 못하고 있고, 이 부조리를 바로잡아야 할 판사는 못 알아듣는다고 짜증만 내고 있는 것이다.

문득 참담한 느낌이 들었다. 자기도 똑같은 산재 피해자인데 동료의 반대편에 서서 거짓말을 해야 하는 노동자의 처지, 그런

걸 방치하고 있는 이 사회……. 나는 가해자가 아닌가 하는 고민 속에서 스스로의 삶이 죄스럽고 미안하기만 했다.

내가 별 생각 없이 맡아 왔던 운전기사의 소송 변론도 그렇다. 사고를 내서 구속된 채 내게 변론을 맡기면 나는 수임료를 받는다. 무심코 받았던 그 돈이 과연 정당한 것인가. 제 몫을 받은 것인가. 운전기사의 부인이 가져오는 그 돈은 어디서 나왔을까. 대부분 돈이 없는 형편에 빚을 내어서 또는 전세 계약서를 잡혀서 가져올 거라는 건 뻔한 일이다.

거기에까지 생각이 미치자 부담스럽고 가책을 느꼈다. 평소 무관심하게 또는 대수롭지 않게 넘긴 일들이 자꾸 마음에 걸리기 시작했고 사회에 대해 진 빚을 갚아야겠다는 생각이 들기 시작했다.

결국 학생들의 얘기에 다시 관심을 기울이게 되었고 그와 관련된 책들도 읽기 시작했다. 그로부터 운동은 나의 직업이 되었다.


거제도에서 한 노동자가 찾아온 적이 있었다. 소개를 받아 누굴 따라왔는데 처음엔 머뭇거리며 말을 제대로 하지를 못했다. 한참을 달래고 안심시켜서야 겨우 입을 떼기 시작했다.

노조를 만들어 조합장이 되었는데 어느 날 보안대의 거제 파견대장이 자기를 사무실로 데려가더니 다짜고짜 정강이를 수도 없이 걷어차더라는 것이었다. 바지를 걷어 올려 보니 다리가 시퍼렇게 멍이 들어 있었다. 행여 그 사실을 발설했다가 또 맞을까봐 변호사인 내게조차 말을 쉽게 못했던 것이다. 그는 보안대의 서슬 퍼런 협박에 눌려 그만 사직서를 내고 말았다고 한다.

나는 그에게 관할 마산 노동청에 부당 노동 행위에 대한 구제 신청을 내도록 했다.

구제 신청서를 쓸 때도 그는 자기가 파견대장에게 맞은 사실이 들어가면 큰일 난다며 제발 그 부분만은 빼 달라고 사정을 했다. 그러나 나는 그를 달래어 기어이 그 부분을 집어넣었다.

그 신청서가 접수된 지 며칠 후 마산 보안대에서 한 간부가 찾아와 그걸 취하해 달라고 통사정을 했다. 그게 문제화되면 거제 파견대장이 옷을 벗어야 한다, 그러면 그 가족들이 얼마나 불쌍하냐는 것이었다. 파견대장의 가족은 불쌍하고 그 노동자의 가족은 불쌍하지 않다는 말인가.

회사에 종용해 퇴직금을 많이 주도록 하겠다는 제의도 거절했다. 그러자 피해자인 그 노동자를 어떻게 회유하고 협박했는지 이번에는 그 노동자가 자진해서 구제 신청을 철회하겠다는 것이 아닌가. 정말 분통 터지는 일이었다.

나는 당신들이 그 힘으로 할 수 있는 일은 오직 복직뿐이라고 버텼다. 결국 그 노동자는 복직되었고 조합장 자리에도 다시 앉게 되었다.

그러한 경험들, 그리고 책과 청년들과의 토론을 통해 나는 사회에 대한 새로운 인식을 갖게 되었다. 이후 그렇게 좋아했던 취미인 요트도 더 이상 안 타게 되었고 비싸다고 생각되는 술집에도 더 이상 안 가게 되었다. 청년들과 어울리며 나의 생활도 상당히 달라져 갔다.

당시에는 청년들과 어울려 다니며 수시로 이념 논쟁을 벌였다.

난 당시 사회주의에 찬동을 하지 못했다. 노동자 변론을 자주 하면서 문제의식은 가지고 있었지만 사회주의가 그 대안이 된다고는 생각지 않았다.

당시 내게 사회주의에 대해 매력을 느끼게 한 책들이 있었다. 리영희 교수의 『베트남 전쟁』이 그것이다. 사회주의가 주제는 아니었지만 감동적인 내용이었다. 에드거 스노의 『중국의 붉은 별』도 심취해 읽었던 책이다. 전쟁의 와중에도 주덕 사령관이 연안의 방직공장 여공들과 함께 배구를 하는 장면은 지금까지 기억에 남는다.

그럼에도 내가 사회주의에 결국 승복을 못한 것은 아마 법률을 공부했기 때문일 것이다. 내가 배운 법률 체계가 헌법에서부터 일반법까지 모두 상대주의 철학에 기초를 두고 있기 때문이다.

그래서 사회주의에 마음이 좀 끌리다가도 권력 구조에 부닥치면 그만 '이건 아니다'로 돌아서곤 했다.

# 사람 사는 세상

1987년의 6월항쟁은 운동의 최절정기였다. 국민들의 폭발적인 지지 속에 우리는 신명이 나서 뛰어다녔다. 운동권 내부의 갈등은 모두 정리되고 모두들 하나같이 똘똘 뭉쳤다. 오직 하나, 이 땅에서 독재를 몰아내고 '새 세상'을 만들고자 최루탄 사이를 헤집고 다녔다.

1987년 6월 18일, 성난 시위대는 드디어 서면 로터리의 경찰 방어선을 뚫고 범내골까지 진출했다. 수십만의 시민들이 그 넓은 도로를 꽉 메워 버렸다. 어떤 사람들은 대열 속에서 어떤 사람들은 삼삼오오 짝을 지어 물밀 듯이 행진을 했다. 그 어떤 누구도 오늘의 이 행진을 막지 못하리라.

그때 나도 그 대열 속에 휩쓸려 함께 행진을 하고 있었다. 몇몇의 학생들이 '어머니'라는 노래를 부르기 시작했다. 그러자 그 노래는 마치 들불처럼 앞뒤로 옆으로 번져 갔다.

사람 사는 세상이 돌아와
너와 나의 어깨동무 자유로울 때
우리의 다리 저절로 덩실
해방의 거리로 달려가누나
아아 우리의 승리
죽어 간 동지의 뜨거운 눈물

아아 이글거리는 눈빛으로

두려움 없이 싸워 나가리

어머님 해맑은 웃음의 그날 위해

나는 노래를 부르며 힘차게 걸어가는 청년들의 모습을 바라보며
그만 나도 모르게 눈물을 쏟아 버렸다.

아, 사랑하는 친구들, 정의를 위해 자기를 던져 싸워 온 동지
들, 꿈과 희망을 포기하지 않는 젊은이들…….

그러나 이른바 6·29선언이 나오면서 운동 진영은 분열과 갈등,
혼미의 상태로 깊이 빠져들었다.

6월 29일, 그날은 서울에서 국민운동본부 대표자 회의가 열
리기로 한 날이었다. 나를 포함한 부산의 대표들은 서울로 올라
가는 기차 안에서 6·29선언 발표 소식을 듣게 되었다.

서울에 도착하여 회의에 참석했는데 회의는 처음부터 혼란
스러웠다. 6·29선언을 받아들일 것인가 말 것인가를 놓고 격론이
벌어졌다. 당시 나는 별 깊은 분석도 없이 당연히 받아들이는 것
으로 생각하고 또 그렇게 얘기했다.

회의를 마치고 부산으로 내려와 그날 저녁 청년들과 저녁 식
사를 같이했다. 밥을 먹다 무심코 이젠 변호사 일이나 열심히 해
야겠다고 하자, 청년들 중 하나가 그게 무슨 말이냐고 따져 물었
다. 내가 이제는 끝나지 않았냐고 하자 그 청년은 뭐가 끝났냐고
되묻는 것이었다.

청년들의 얘기는 정권을 내놓을 때까지 계속해 밀어붙여야

한다는 것이었다. 듣고 보니 그 말이 맞는 것 같았다. 기득권자들이 권력을 쥐고 있는 한 앞으로 언제든 무슨 잔재주라도 부려서 반격을 가해 올 것이기 때문이다.

그즈음해서 '거국 중립 내각', '과도정부 수립' 등의 방법론들이 나왔다. 난 그 두 가지 안의 차이도 뚜렷이 이해하지 못했지만 계속해 싸워야 한다는 데에는 동의해 청년들과 함께 다시 집회와 시위에 참석했다.

그러나 막상 해 보니 어쩐지 전과 달리 힘이 안 붙는 것이었다. 아무리 소리치고 쫓아다녀도 사람들이 안 모였다. 경찰은 그전처럼 진압에 나섰고 백골단도 여전히 설치고 다녀 얻어터지는 것은 역시 우리 쪽이었다.

권력의 속성을 꿰뚫어 보았다는 점에서는 학생들의 말이 옳았다. 그러나 현실의 변화를 사실로 인정하지 않으려는 오류가 있었던 것 또한 사실이다.

당시 우리 국민들은 너무 순진했다. '호헌 철폐! 독재 타도!'라고 외쳤으면서도 중간 목표인 '호헌 철폐!'만 믿고 '독재 타도!'라는 최종 목표를 너무 쉽게 잊어버린 것 같았다.

어떤 사람들은 야당 지도자들이 6·29를 받아들이면서 운동의 열기가 급속히 식어 버린 것이라며 그들을 탓했다. 야당 지도자들의 입장에서는 이젠 대중의 열기가 식었다고 판단해 타협을 한 것인지도 모른다.

그러나 국민들이 판단을 잘못한 것은 아니었다. 잘못이 있다면 국민들이 양 김씨의 분열을 예상하지 못했다는 점일 것이다. 실마하니 그렇게 피땀 흘려 만들어 놓은 대통령 직선제라는 밥상이 양 김씨의 밥그릇 싸움 때문에 깨질 줄을 누가 알았겠는가.

오히려 사태를 정확히 내다본 쪽은 권력의 핵심 세력들이었다. 그들이야말로 양 김씨의 분열을 미리 내다보고 6·29선언을 하였을 것이다.

6·29선언으로 운동의 열기는 급속히 식어 갔지만 이후 7, 8월로 접어들면서 노동자 대투쟁이 일어나게 된다. 전국 방방곡곡의 산업 현장에서 노동자들이 일시에 들고일어났던 것이다. 시민과 학생들의 시위와는 달리 노동자들의 싸움은 워낙 과격하고 폭발적이라 마치 화산 폭발과 같은 양상으로 번져 나갔다.

그간 얼마나 억눌려 살아왔으면 저렇게 들고일어날까. 한편으론 시원하다는 생각이 들었지만 또 한편으로는 걱정도 되었다. 원체 과격하다 보니 저러다 무슨 큰일을 낼 것 같기도 하고 권력에 반격의 빌미를 줄 것 같기도 했다.

그러나 청년들은 나와 달랐다. 노동자들의 바로 그 힘으로 정권을 뒤집어엎을 거라며 신바람이 났다. 파업이 일어나는 곳마다 달려가 부채질했다. 내게도 도움을 청했지만 당시 나는 현장에까지는 끼어들지 않았다.

나는 당시 다른 일로 더 바빴다. 노동법률사무소에 노조 설립 방법을 문의하는 상담이 끊이질 않았기 때문이다. 나는 찾아오는 노동자들에게 노조 설립뿐만 아니라 회사 측의 방해 책동에 대응하는 방법, 노조를 성공적으로 이끌어 나가는 방법까지 도움을 주고자 노력했다.

청년들은 내가 현장으로 나오지 않는다고 원망을 했지만 나는 내 방법을 고수했다. 그러던 와중에 대우조선 이석규 열사 사건이 터졌다. 파업 중 거리 시위에 나선 대우조선 노동자 이석규 씨가 경찰이 쏜 최루탄에 가슴을 맞고 숨졌던 것이다.

그 사건은 그해 여름의 노동자 대투쟁에 기름을 끼얹은 격이 되었고 장례식 문제를 두고 회사와 노동자들 사이에 힘겨운 실랑이가 벌어졌다. 거기에 정부의 공권력과 운동 세력이 가세하여 일종의 대리전 양상이 되고 있었다. 당연히 온 나라의 시선이 대우조선이 있는 거제도로 쏠렸다.

내가 그 사건에 개입하게 된 것은 노동자들이 사체 부검에 입회해 달라고 요청을 해 왔기 때문이다. 내가 노동자들로부터 요청을 받은 데에는 이유가 있다. 그 전 6월 18일의 부산 시위 때 이태춘이라는 청년이 경찰의 최루탄을 피하다 떨어져 죽었는데 그 청년의 사체 부검 때 내가 참여했었기 때문이다.

밤중에 연락을 받고 새벽에 배를 타고 거제도로 갔다. 도착해 보니 서울에서 이미 이상수 변호사와 민통련 관계자, 노동운동 단체 등에서 지원하기 위해 내려와 있었다.

이상수 변호사와 나는 우선 유족들에 대한 보상 합의 문제를 도왔다. 그리고 검찰이 조속히 부검을 할 수 있도록 시신을 장악하고 있는 노동자들을 설득하여 사태 수습에 매달렸다.

다만 유족에 대한 보상 합의 문제가 임금 협상과 맞물려 있어서 노동자들이 혼선을 빚고 있었다. 당시 나는 임금 협상이 원만하게 타결되지 않고서는 장례식도 원만히 치러지기 어렵다고 보고 장례식에 앞서 임금 협상을 마무리 지어야 한다는 입장을 가지고 있었다.

갈팡질팡하는 노동자들에게 그런 뜻을 가지고 가닥을 잡아 주었는데, 검찰에서 나를 '제3자 개입', '장례식 방해' 등으로 물고 늘어진 것이다.

당시 이상수 변호사와 내가 유족들에게 받게 해 준 보상금은 1억 원이었다. 당시 상황으로는 꽤 많은 액수였고 우리가 나서지 않았다면 쉽게 타 낼 수 있는 돈이 아니었다.

그런데 보상 협의의 막바지에 이르러 경찰과 회사가 우리를 따돌리고 유족들과 직접 흥정을 했다. 우리가 요구했던 그 금액으로 합의를 보고 나자 유족들의 태도가 달라져 버렸다. 부검을 하기 전까지만 해도 우리에게 매달리던 유족들이 싹 돌아서서 장례부터 먼저 치르겠다는 것이 아닌가.

졸지에 아들을 잃은 슬픔이나 그 아들에 대한 경제적 기대감은 충분히 이해가 간다. 그러나 그 아들이 동료 노동자와 함께 어떤 명분을 가지고 싸우다 죽었다면 가족적 이기심에 앞서 그 명분도 최소한 존중해 주었으면 싶었다. 그것이 또 숨진 아들의 바람이었을 것이다. 그러나 경찰의 부추김을 받은 그 유족들은 이상수 변호사와 나를 장례식 방해 혐의로 걸고 말았다.

장례식 하루 전날 부산에서 집회가 있으니 참석해 달라는 다른 요청이 있어 나는 다시 부산으로 돌아왔다. 그러나 장례식이 끝나자마자 이상수 변호사는 거제에서 붙잡혀 구속되고 말았다.

난 역시 운이 좋았다. 부산에서 붙잡히는 바람에 구속적부심으로 23일 만에 풀려났다. 그러나 이상수 변호사는 충무에서 두어 달 정도 고생을 하고서야 풀려났다.

그때 내가 구속되어 있던 경찰서의 수사과장은 아직도 잊히지 않는다. 그는 사법 고시를 패스하고 경찰에 배치된 사람이었는데 나는 그 사람으로 인해 우리나라의 사법 고시 제도에 대해 회의를 느끼기조차 했다.

처음 내가 변소서를 쓰기 위해 종이와 연필을 달라고 하자 그 수사과장은 못 준다고 했다. 그와 논쟁을 벌였다. 결국 무죄 추정 피의자의 자기방어권을 내세워 설득해도 막무가내더니, 책상을 치며 고함을 지르고 고소하겠다고 으름장을 놓자 비로소 내주었다.

사건 경위서를 작성해 변호사에게 전달하려 했는데 이번에는 전달을 못하게 했다. 다시 피의자의 방어권을 놓고 조목조목 따지자 그 과장의 입이 막혀 버렸다. 그러나 그는 내 말에 반박도 못하면서 무조건 못 전해 준다는 것이었다.

어느 날 보니 내가 변호사에게 전달하려고 작성한 그 사건 경위서를 나 몰래 복사를 해 그걸 검사에게 먼저 보내 주고 말았다. 변호사 접견의 비밀이 엄연히 보장되고 있는데도 사시를 패스했다는 그 수사과장이 그런 짓을 했던 것이다. 내가 그걸 따지자 그는 얼굴만 뻘겋게 달아오른 채 우물쭈물했다.

그 과정에서 그 수사과장이란 사람이 한 말이 있다. "피의자의 인권이나 권리 같은 것은 앞으로 내가 치안본부장이 되면 바로잡겠다. 그러기 위해서는 지금 검사의 잘못된 요구를 들어주면서라도 자기가 윗자리에 갈 수 있도록 도와주어야 한다"라는 것이다.

그 수사과장, 지금쯤 어딘가 높은 자리에 가 앉아 있을지도 모른다. 그리고 부림사건 때 고문 사실을 폭로했다고 나를 협박했던 그 공안 검사도 지금 검찰의 높은 간부가 되어 있다. 독재를 옹호하는 궤변을 늘어놓던 자들이 문민 시대라는 지금도 힘 있는 자리에 앉아 이번에는 '문민 시대'를 목소리 높여 외치고 있는 것이다.

그래서 YS가 원망스럽다. 또한 그 어려웠던 시절에는 무슨 짓을 하다가 이제 와서 문민 시대 운운하는 언론도 그렇다. 시간이 허락하면 요즘 '문민 시대', '개혁' 운운하는 사람들 중에 예전에 딴 얘기를 했던 사람들의 어록을 모아 대조표를 만들어 보고 싶다.

* * *

내가 국회의원이 된 것은 행운이었다. 금배지를 달기 위해 수십 년을 고생하며 가산까지 탕진하는 경우도 많은 데 비해 난 참 운이 좋았던 것 같다. 때로는 격려의 박수도 받아 가며 큰 명예도 얻었다. 어떤 이는 그게 다 민권운동을 열심히 한 것에 대한 보답이라고도 했다. 그러나 운동과 정치를 단지 '보답'이라는 차원에서만 생각하면 난 참 미안해진다.

1970년대부터 또는 그 이전부터 시작해 지금까지도 재야에서 활동하고 계신 분들이 많기 때문이다. 숱한 시간들을 감옥에서 보내고 직장도 가지지 못한 채 오로지 이 땅의 민주화를 위해 말로 다하지 못할 고생을 해 오신 분들에 비하면 내가 겪은 고생쯤은 고생도 아닌 것이다.

운동을 본격적으로 시작한 지 불과 3년밖에 안 된 시점에서 '영입'이란 이름으로 보상을 받았던 것은 역시 행운이라고 할 수밖에 없다. 그것도 감옥을 갔다 온 시간이 불과 23일밖에 안 되는 나에게…… .

# 노무현 대통령 연보

## 1. 유년과 성장

1946. 9. 1.　　경남 김해시 진영읍 본산리에서 가난한 농부인 아버지
　　　　　　　노판석 씨와 어머니 이순례 씨 사이에서 3남 2녀 중
　　　　　　　막내로 태어나다.

1959　　　　　경남 김해시 진영읍 대창초등학교를 졸업하고
　　　　　　　진영중학교에 입학하다.

1960. 2.　　　이승만 대통령 생일 기념 글짓기 행사에서 동급생들과
　　　　　　　백지를 내다.

1961　　　　　부일장학생에 선발되다.

1963. 2.　　　진영중학교를 졸업하고 부산상고에 장학생으로
　　　　　　　입학하다.

1966. 2.　　　부산상고를 졸업(53회)하고 어망 회사 '삼해공업'에
　　　　　　　입사하다.

1966　　　　　봉하마을 뱀산에 토담집 마옥당(磨玉堂)을 짓고 고시
　　　　　　　공부를 시작하다.

1966　　　　　울산 건설 현장에서 막노동을 하다 산업재해를 당하다.

1966. 11.　　　'사법 및 행정요원 예비시험'에 합격하다.

## 2. 도전과 성취

| | |
|---|---|
| 1968. 3. | 육군에 현역으로 입대하다. |
| 1971. 1. | 강원도 인제에서 육군 상병으로 만기제대하다. |
| 1971 | 3급(현 5급) 공무원 1차 시험과 사법 고시 1차 시험에 합격하다. |
| 1973 | 권양숙 여사와 혼인하고 장남 건호를 얻다. |
| 1973 | 맏형 영현 씨 교통사고로 사망하다. |
| 1975 | 제17회 사법 고시에 합격하고 사법연수원 7기 연수생이 되다. |
| 1975. 8. 11. | 장녀 정연 태어나다. |
| 1976 | 아버지 노판석 씨 사망하다. |
| 1977. 9. | 대전지방법원 판사로 부임하다. |
| 1978. 5. | 부산에 변호사 사무실을 열다. |

## 3. 인권 변호사

| | |
|---|---|
| 1981 | 『부산일보』에 생활법률상담 연재를 시작하다. |
| 1981. 9. | 부림사건 변론을 맡다. |
| 1982 | 문재인 변호사와 공동 사무실(현 법무법인 부산)을 열다. |
| 1982. 5. | 부산 미국문화원 방화 사건 변호를 맡다. |
| 1984 | 부산공해문제연구소 이사를 맡다. |
| 1985 | 부산민주시민협의회 상임위원으로 활동하다. 울산, 마산, 창원, 거제도와 경북 구미공단 등을 다니며 |

노동운동을 변론하다.

1986. 5.　　　'민주화를 위한 변호사 모임'의 모태가 된 정법회 창립에
　　　　　　참여하다.

1986. 6.　　　송기인 신부 권유로 천주교 세례(세례명 유스토)를
　　　　　　받다.

1987. 2.　　　고 박종철 군 추모 대회에서 연행되어 부산시경
　　　　　　대공분실에 구금되다.

1987. 5.　　　민주헌법쟁취국민운동 부산본부 상임집행위원장을
　　　　　　맡다.

1987. 9.　　　대우조선 고 이석규 씨 유족을 돕다가 '장례 방해',
　　　　　　'제3자 개입'으로 23일간 구속되다. 변호사 업무 정지
　　　　　　처분을 당하다.

1987. 11.　　변호사 업무 정지 처분을 당하다.

1987. 12.　　'양김 분열' 속에 치러진 제13대 대선에서
　　　　　　공정선거감시운동 부산본부장을 맡다.

1988. 4.　　　제13대 국회의원에 당선(통일민주당, 부산 동구)되다.
　　　　　　국회 노동위원회에서 이상수, 이해찬과 함께 '노동위
　　　　　　3총사'로 활동하다.

1988. 6.　　　변호사 업무 정지 해제되다.

1988. 12.　　'제5공화국비리조사특별위원회'에서 '청문회 스타'로
　　　　　　각광받다.

1989. 3.　　　제도 정치에 한계를 느끼고 의원직 사퇴서를 제출하다.

## 4. 통합의 정치

| | |
|---|---|
| 1990 | 3당합당에 반대, '작은 민주당'을 창당하다. |
| 1990 | 민자당의 방송법 등 날치기 처리를 규탄하며 김정길, 이철, 이해찬 의원과 함께 의원직 사퇴서를 제출하다. |
| 1991. 9. | 야권 통합을 주도하여 통합민주당 대변인이 되다. |
| 1992. 3. | 제14대 총선(민주당, 부산 동구)에서 낙선하다. |
| 1992 | 김대중 대통령 후보 청년특위 물결유세단장을 맡아 제14대 대선에 참여하다. |
| 1993 | 지방자치실무연구소를 설립하다. |
| 1993. 3. | 민주당 최연소 최고위원으로 당선되다. |
| 1994 | 『여보, 나 좀 도와줘』를 출간하다. |
| 1995. 6. | 부산시장(민주당) 선거에서 낙선하다. |
| 1996. 4. | 제15대 총선(민주당, 서울 종로)에서 이명박, 이종찬 후보와 경쟁하여 3위로 낙선하다. |
| 1996. 11. | 국민통합추진회의(통추)에 참여하다. |
| 1997 | SBS 라디오 '노무현 김자영의 뉴스대행진'을 진행하다. |

## 5. 원칙과 소신

| | |
|---|---|
| 1997. 11. | 새정치국민회의에 입당해 김대중 대통령 후보를 위한 방송 연설을 하다. |
| 1998 | 어머니 이순례 씨 사망하다. |
| 1998. 7. | 제15대 종로구 보궐선거에서 당선되다. |
| 1998 | 정치 업무 표준화 시스템 '노하우 2000'을 개발하다. |

| | |
|---|---|
| 1999 | 부산 출마를 선언하고 종로 지구당을 포기하다. |
| 2000. 4. | 제16대 총선(새천년민주당, 부산 북·강서을)에서 낙선하다. |
| 2000. 4. | 대한민국 최초의 정치인 팬클럽 노사모(노무현을 사랑하는 사람들의 모임)가 탄생하다. |
| 2000. 8. | 해양수산부 장관에 취임하다. |

## 6. 신화를 만들다

| | |
|---|---|
| 2001. 11. | 『노무현이 만난 링컨』을 출간하다. |
| 2001. 12. 10. | 『노무현이 만난 링컨』 출간 기념회 및 후원회 행사에서 대통령 선거 출마를 공식 선언하다. |
| 2002. 3. | 민주당 국민 참여 광주 경선에서 1위를 기록하며 노풍을 점화시키다. |
| 2002. 4. | 국민 참여 경선을 통해 민주당 대통령 후보로 선출되다. |
| 2002. 10. | 『노무현의 리더십 이야기』를 출간하다. |
| 2002. 10. 20. | 개혁국민정당이 창당 발기인 대회에서 노무현 후보 지지를 결의하다. |
| 2002. 11. | 국민통합21 정몽준 대표와 후보 단일화에 성공하다. |
| 2002. 12. 19. | 대한민국 제16대 대통령에 당선되다. |

## 7. 대한민국 대통령

2003. 2. 25.    제16대 대통령에 취임하다.

2003. 4.    청남대를 국민들에게 돌려주다.

2004. 1.    균형 발전 3대 특별법 서명식을 갖고, 지방화와 균형
            발전 시대 선포식을 갖다.
            용산 미군기지의 평택 이전을 확정하고, 60년 만에
            용산을 돌려받다.

2004. 3. 12.    한나라당과 민주당이 대통령 탄핵소추안을 의결하다.

2004. 4. 15.    열린우리당이 총선에서 과반 의석을 얻다.

2004. 5. 14.    헌법재판소가 탄핵소추를 기각하다.

2004. 5. 20.    열린우리당에 입당하다.

2004. 10.    과학기술부를 부총리 부처로 승격시키고 장관을
            부총리로 임명하다.

2005. 3.    투명사회협약 체결식을 갖다.

2005. 7.    대화와 타협의 정치 문화를 위한 선거구제 개편과 함께
            대연정을 공식 제안하다.

2006    한미 자유무역협정 협상을 시작하다.

2006. 2.    직접 개발에 참여한 청와대 업무관리 시스템
            'e-지원'(e-知園)을 특허등록하고, 누구나 무상으로
            활용할 수 있게 공개하다.

2006. 4.    독도 영토주권 문제에 대한 한일 관계 특별 담화를
            발표하다.

2006. 8.    2030년까지의 국가 장기 발전 전략인 '국가비전
            2030'을 발표하다.

| | |
|---|---|
| 2007. 1. | 책임정치 구현을 위해 대선과 총선 시기를 일치시키는 원 포인트 개헌을 제안하다. |
| 2007. 2. | 당의 요구로 열린우리당 당적을 버리다. |
| 2007. 6. | 대통령비서실에서 『있는 그대로, 대한민국』을 출간하다. |
| 2007. 7. | 행정중심복합도시인 세종특별자치시의 기공식을 갖다. 수도권과 지방의 상생 발전을 위한 2단계 균형 발전 선포식을 갖다. |
| 2007. 9. | 『한국정치, 이대로는 안 된다』를 출간하다. 지방 균형 발전을 위한 혁신 도시와 기업 도시 기공식을 시작하다. |
| 2007. 10. | 평양을 방문하여 제2차 남북 정상회담을 개최하고 10·4공동선언을 발표하다. |

## 8. 귀향, 그리고 서거

| | |
|---|---|
| 2008. 2. 25. | 대통령 임기를 마치고 고향 봉하마을로 돌아오다. |
| 2008 | 봉하마을에서 친환경 생태 농업과 하천 습지 복원, 숲 가꾸기 등 '아름답고 살기 좋은 마을 만들기' 프로젝트를 시작하다. |
| 2008. 3. | 봉하마을과 화포천을 자원봉사자들과 함께 직접 청소하다. |
| 2008. 4. | 광주 망월동 5·18묘역을 참배하고, 방명록에 '강물처럼'이라는 글을 남기다. |
| 2008. 5. | 김해 특산물인 장군차밭을 방문하여 제다(製茶) 체험을 |

하고, 봉하마을에 장군차나무를 심다.

2008      함평·진주·하동·광양·평창·영월·정선·영동·논산·금
          산·서천·함양 등 전국의 살기 좋은 마을 가꾸기 모범
          사례를 직접 찾아다니다.

2008. 6. 14.   친환경 농사를 위해 논에 오리를 풀어놓는 행사를 갖다.

2008. 10.      10·4남북정상선언 1주년 기념식에 참석해 강연하다.

2008. 10. 20.  콤바인을 몰고 봉하오리쌀을 직접 수확하다.

2008. 12. 5.   봉하 방문객에게 마지막 인사를 하고 칩거하며
               '진보주의' 연구와 회고록 준비를 시작하다.

2009. 4. 30.   검찰에 출두하다.

2009. 5. 23.   서거하다.